YEMEK TA
VE SAĞLIKLI

EBRÛ TİMURKAN YALMAN

Ebrû Timurkan Yalman 1971 yılında Ankara'da doğdu. Sekiz yaşında ailesiyle İngiltere'ye taşındı ve ilk, orta ve lise eğitimini Londra'da tamamladı. Brasenose College, Oxford University'de Fransız ve Alman edebiyatı okudu ve daha sonra *Le Cordon Bleu*'de aşçılık eğitimi aldı. Ebrû Timurkan Yalman yemek danışmanı olarak çalışıyor ve yemek eğitimi veriyor.

YEMEK TARİFLERİ VE SAĞLIKLI MENÜLER

Michel Montignac

Çeviri: Ebrû Timurkan Yalman

ALFA

Alfa Yayınları: 1085
Dizi No: 04

YEMEK TARİFLERİ VE SAĞLIKLI MENÜLER

Michel Montignac

Çeviri: Ebrû Timurkan Yalman
Özgün Adı: Recettes Et Menus Santé
Michel Montignac

1. Baskı : Mart 2002
ISBN : 975-297-046-X

Yayıncı ve Genel Yayın Yönetmeni : M. Faruk Bayrak
Yayın Koordinatörü ve Editör : Rana Gürtuna
Dizi Sorumlusu : H. Gökhan Yiğitler
Kapak Tasarımı : Nevruz Kıran
Pazarlama ve Satış Müdürü : Vedat Bayrak

ALFA Basım Yayım Dağıtım Ltd. Şti.
Ticarethane Sk. No: 41/1 34410 Cağaloğlu, İstanbul
Tel : (212) 511 5303-513 8751-512 3046 Fax : (212) 519 3300
www.alfakitap.com
E-mail : info@alfakitap.com

ALFA/AKTÜEL KİTABEVİ
Burç Sinema Pasajı No: 34
Altıparmak / BURSA
Tel : (224) 223 60 16

Baskı ve Cilt

MELİSA MATBAACILIK
Çiftehavuzlar Yolu Acar Sanayi Sitesi
No: 8 Bayrampaşa-İstanbul
Tel/Fax : (212) 501 97 57

ÖNSÖZ

YAĞLI MADDELER VE YERLERİNE KULLANABİLECEĞİMİZ ÜRÜN

Bu seçeneklerden ilki, yemek pişirme alışkanlığımızdan tereyağını tamamiyle çıkarmak olmalıdır.

Yemek kitaplarının tümü (gerek büyük şefler tarafından, gerekse daha az tanınmış, ancak yemek yapma ve eğitim verme yetenekleri açısından başarılı olan aşçılar tarafından yazılmış olsunlar) istisnasız, yemek pişirirken kullanılması gereken yağ olarak tereyağını önerirler. Köy mutfağını işleyen büyük, klasik yemek kitaplarında bulunan tariflerin büyük bir bölümünde bile tereyağı kullanılır.

Bu alışkanlık, tereyağının eskiden az bulunan ve pahalı, yani asil bir ürün olmasından kaynaklanıyor. Zira, tereyağı kullanılan yemekler zenginlerin (aristokratların ve daha sonra burjuvaların) ayrıcalığıydı ve dolayısıyla bu yemekler çoğunlukla onların hizmetinde çalışan aşçılar tarafından geliştirildi. Nitekim, geleneksel Fransız mutfağı, tereyağlı yemekler üzerine kurulmuştur. Büyük bir restoranın mutfağına girdiğinizde, ocağın baş köşesinde benmaride muhafaza edilen büyük bir kâse yağlı bir likidin dikkatinizi çekmemesi mümkün değildir. Arıtılmış tereyağı olan bu likit, aşçılar tarafından, tereyağın yağını tutup içindeki 'pisliği' ayırmak amacıyla hazırlanır. Sarı renginden tanınan bu yağın ısısı 120 dereceyi geçtiğinde rengi de koyulaşır. Bu yağ, yemeklerin hepsinin pişmesinde ve sosların bir çoğunun hazırlığında kullanılır.

Bu noktada belirtilmesi gereken bir husus var. Tereyağı, her ne kadar çiğ veya erimiş şekilde tüketildiğinde (günde 10-25 gram olmak üzere) faydalı bir besin olsa da, piştiği anda bunun geçerliliği kalmıyor. Tereyağının yapısını oluşturan, kısa bir yağ asidi zincirinden oluşan doymuş yağlar, ince bağırsaktaki enzimler yardımıyla hızla emilir. Bu sebepten dolayı taze tereyağı, örneğin ekmeğin üzerine sürdüğünüz tereyağı, kolaylıkla hazmedilebilir. Ancak, 100 dereceye ulaştığında bu kısa yağ asidi zinciri parçalanır. Pişmiş tereyağı 'hazmedilemez' bir hal alır ve dijestif enzimler tarafından daha zor bir şekilde çözüldüğü için zararlı olur. Dolayısıyla, sağlık açısından da ilaveten potansiyel bir risk faktörü oluşturur. 120 dereceden sonra tereyağı doğal halini tamamen yitirip, kararır. Bu durumda tereyağı kanserojen bir madde olan akroleine dönüşür.

Yani, geleneksel bir tarifi uygulamak üzere bir parça tereyağını bir tencere veya tavaya koyduğunuzda, ısı genelde 160-180 dereceye ulaşır ve bu da bariz bir şekilde yemeği tüketecek kişinin sağlığı için zararlıdır.

Bu sebeptendir ki, ben 100 dereceye aşacak tüm pişirmeler için kaz (veya ördek) yağını öneririm.

Kaz yağının üç avantajı vardır. İlk olarak, tekli doymamış bir yağdır. Aslında oleik asittir, ve bu da zeytinyağı ile aynı kimyevi yapıya sahip olduğu anlamına gelir. Zeytinyağının sağlığa yararlarını da artık hepimiz biliyoruz. Ayrıca, moleküler yapısını korumak açısından, kaz yağının yüksek derecelere (200'ü aşkın) direnci diğer tüm yağlardan daha fazladır. Dolayısıyla, piştiğinde de hazmedilebilir ve kardiovasküler faydalarını korur. Kaz yağının son avantajı da onun yüksek düzeyde gastronomik bir malzeme olmasını sağlayan özelliğidir. Kaz yağı hazırladığınız yemeğe muhteşem bir lezzet katar.

GİRİŞ

Dünya Sağlık Örgütü uzun zamandır alarma geçip, resmi duyurularında nefesi yettiği kadar yüksek sesle bir mesaj veriyor: 'Bütün dünya gerçek bir obezite hastalığı geçiriyor.'

Uzun zamanlar, insanlar saf bir şekilde, fazla kiloların yalnızca Amerika'yı etkileyen bir sorun olduğuna ve öyle kalacağına inandılar. Ve sonra, aynı semptomlar (daha az şiddette olsalar da) yavaş yavaş tüm Batı ülkelerinde görülmeye başladılar.

Herkes bize senelerdir söylenenin doğru olduğuna inanıyordu. Eğer gitgide şişmanlıyorsak, bunun sebebi çok fazla yiyip yeteri kadar egzersiz yapmamamızdı.

1997'den beri bu düşüncenin tamamen yanlış olduğu biliniyor. Çünkü, Amerika ve diğer ülkelerde yürütülen bilimsel araştırmalar bize düşündüğümüzün tam tersini gösteriyor: Batılıların ortalama yedikleri miktarlar yirmi senedir azalıyor. Yağlı maddelerin tüketimi kayda değer bir şekilde azaldı ve egzersiz yapma alışkanlığı arttı. Ve buna rağmen aynı dönemde, obezitenin artışı durmadı. O derecede ki artık Amerika'da 'Amerikan paradoksu'ndan söz ediliyor.

Montignac yöntemiyle ilgili ilk kitap 'Comment maigrir en faisant des repas d'affaires' (İş Yemeklerinde Kilo Vermenin Yolu) 1986 yılında bu ikilemi ortaya koydu ve bu duruma bir açıklama getirdi: Eğer Amerikalılar gitgide şişmanlıyorlarsa ve dünyanın geri kalan ülkeleri de aynı yolda ilerliyorsa, bunun sebebi fazla yemek yememiz değil, yanlış yemekleri yememizdir.

Bu durumun kaynağında üç nokta var:

1. Çağdaş toplumun sosyo-ekonomik dengesinin altüst olması
2. Tarım ürünlerinin üretiminin endüstriyelleşmesi
3. Batı toplumlarının yemek alışkanlıklarının arasındaki fark

Aslında bu noktaların tümü birbirleriyle bağlantılı, çünkü her biri bir şekilde diğerinin neticesi.

İkinci Dünya Savaşı'ndan sonra, yalnızca 50 yılı aşkın bir süre önce, Batı toplumu kayda değer bir değişim geçirdi. Şehirlerin gelişmesi ve kırsal bölgelerin terk edilmesiyle birlikte, nüfus farklı şekillerde değişik bölgelere dağıldı.

Neticede, gıda maddelerini üreten ve tüketen bölgeler arasında git gide büyüyen bir ayrım oluştu. Farklı şekilde üretip, nakliye ve özellikle gıdaları saklama şekillerinin (buzdolabında saklama, dondurma, koruyucu madde kullanımı) sorunlarına değişik çözümler getirmek gerekti.

Ancak, aynı zamanda nüfus artışı sebebiyle daha fazla miktarlarda üretmek gerekti. Bu noktada gerçek bir devrim yaşandı. Makinalaşma gıda maddelerinin üretiminde faydalı olurken, kimyevi gübreler ve bitki sağlığını koruyucu ürünler sayesinde üretimde artış görüldü.

Öte yandan, kadınların çalışmalarıyla birlikte toplumun düzeninde bir gelişme görüldü ve netice olarak yemek hazırlığına ayrılan zaman azalmış oldu.

Saklaması daha pratik ve hazırlaması ve tüketimi daha hızlı olan yeni ürünlerin çıkması ve uluslararası lezzetlerin yaygınlaşmasıyla birlikte yemek alışkanlıklarımız yavaş yavaş değişti.

Ancak, yemek konusunda bu değişim o kadar hızla gerçekleşti ki, kimse bunun ters etkilerini fark edemedi. Zira onlarca sene geçtikten sonra bu değişimin özellikle sağlığımıza yan etkileri olmadan gerçekleşmediğini anladık.

Metabolizmamızı etkileyen birçok hastalık yemek konusunda yaşanan bu devrimden sonra gelişti: Şeker hastalığı, kanserler, M.S. (Multiple sclerosis), Alzheimer hastalığı, kalp hastalıkları ve tabii ki obezite. Her birinin direkt veya dolaylı sebebi endüstriyel üretilmiş gıdaların besin değerlerinin düşüklüğü ve modern hayatın getirdiği kötü beslenme alışkanlıklarıdır.

İlk yayımlandığından beri, Montignac Yöntemi, sorunu analiz edip teşhis etmekle kalmayıp, çözümler sundu. Bu çözümlerin kalıcı etkileri, birçok ülkede yaşanan büyük başarıyla kanıtlanmıştır.

Montignac Yöntemi iki veri üzerine kurulmuştur.

İlk olarak geleneksel rejimlerin korkunç başarısızlıkları. Bu rejimler hep, incelmenin tek yolunun daha az yiyip, çok fazla egzersizle daha fazla enerji sarf etmenin olduğunu belirttiler. Yirmi seneyi aşkın bir süredir bütün araştırmalar bunun faydalı olmamakla birlikte, bu prensiplerin uygulamalarının obeziteyi daha da arttırdığını gösteriyor.

Bugün elimizdeki deneysel ve bilimsel kanıt sayesinde, eski inançlarımıza karşın, enerji faktörünün kilo vermekle alakası olmadığını biliyoruz.

Ayrıca, kilo almanın ve özellikle obezitenin gerçek sebebinin, tüm batı ülkelerinde tüketilen endüstriyel gıdaların besin değerlerinin vasat olması ve son elli senedir git gide benimsenen kötü beslenme alışkanlıkları olması belirlenmiştir.

Gerçekten de bir gıdanın besin içeriği (vitaminleri, mineralleri, gerekli yağ asitleri ve lifleri, nişastanın moleküler yapısı) metabolizmamızın normal dengenin dışındaki yağ birikiminden sorumlu mekanizmalarının devreye girip girmemelerini belirler.

Dolayısıyla, Montignac Yöntemi'nde belirtildiği gibi, gıdaların basit bir şekilde, besin değerlerine göre seçilmeleri, metabolizmamızın mekanizmalarının başarılı ve kalıcı bir şekilde çalışmalarını ve kilomuzun optimal bir yere gelmesini sağlar.

Edinilen tecrübelere göre, yemek alışkanlıklarının tekrar dengelenmesi sayesinde sağlığımızda da çok olumlu yan etkiler görülüyor: Kolesterol düşüşü, trigliserid, şeker düşüşü, yorgunluk, migren ve bağırsak problemlerinde azalma. Dolayısıyla, Montignac Yöntemi'nde yapılan tavsiyelerin dünya sağlığına faydalı olduğu da söylenebilir.

Son olarak belirtmek isterim ki tavsiye edilen menüler sadece önerilerdir. Her öğün veya gün, değişik besinlerin dengelerini gözönünde bulundurma şartıyla, tabii ki değiştirilebilir.

Yemek yapmak müzik ve resmin olduğu gibi, kendi başına bir sanattır; bu sebeptendir ki çok zevk verebilir. Ancak yemek yapmaktan alınabilecek en büyük zevk, sevdiklerinizle sevgi ve heyecanla yaptığınız hazırlıkları paylaşmaktır.

Michel Montignac

TARİF LİSTESİ

SAĞLIKLI MENÜLER - I. HAFTA

	Pazartesi	Salı	Çarşamba	Perşembe	Cuma	Cumartesi	Pazar
ÖĞLE	* Yunan salatası * Marine edilmiş şnitzel Brokoli *Armut tatlısı	* Sebze çorbası Fileminyon * Kremalı sebzeler Peynir	Krüdite *Lazanya *Dondurulmuş frambuazlı yoğurt	Yeşil salata Kekikli tavuk Peynir	Krüdite * Şişte süt danası Kepekli basmati pilavı Frambuaz püresi	Tavuk salatası Yoğurt	Domates salatası * Brokolili omlet Sütsüz çikolata, en az %70 kakaolu
AKŞAM	*Pırasa ve semizotu çorbası *Baharatlı karides sote Buharda pişmiş sebzeler Yoğurt	*Renkli salata *Meksika usulü omlet Pişmiş elma	*Kremalı karnıbahar çorbası *Provans usulü ton balığı Ispanak Yoğurt	*Semizotu salatası *Bezelye **Yoğurt	Kuşkonmaz çorbası *Krema soslu alabalık fileto Taze fasulye Yoğurt	Kabak salatası *Tranş somon Mantar sote Az yağlı peynir	*Maydanoz çorbası *Nohut köftesi *Türlü *Frambuazlı kup

*Tarife bakın

**Şekersiz meyva püresi veya şekersiz pişmiş elma ile tatlandırın

SAĞLIKLI MENÜLER - 2. HAFTA

	Pazartesi	Salı	Çarşamba	Perşembe	Cuma	Cumartesi	Pazar
ÖĞLE	Enginar kalbi	Sebzeli çorbası	Kremalı brokoli çorbası	Salatalık salatası	*Kremalı mantar çorbası	*Pırasa salatası	Kremalı sezbe
	*Parmesan soslu kuzu köfte	*Tavuk dolması	Yumurta	*Somon	*Dana eti	Fırında tavuk kalçası	Alabalık
	Limonlu kuşkonmaz	Brokoli		Karnıbahar	Buharda pişmiş lahana	*Kabak ve biber şiş	*Dolmalık fıstıklı brokoli ve karnıbahar
	Peynir	Peynir	Peynir	Sütsüz çikolata en az %70 kakaolu	*Dondurulmuş	*Meyve eşliğinde	Peynir
AKŞAM	*Ispanak çorbası	*Sezar salatası	Kıvırcık salata	Krüdite	Enginar kalbi	Andiv salatası	Kırmızı biber salatası
	*Beyaz şarap soslu dil balığı Mantar	*Sağlık güveci	Nice usulü tavuk Kepekli basmati pilavı	*Fırında kabak	*Şişte deniz mahsülleri	*Mercimekli pirinç salatası	*Peynirli omlet
	Yoğurt	*Çilekli mousse	Yoğurt	Yoğurt	**Yoğurt	Yoğurt	Sütsüz çikolata en az %70 kakaolu

*Tarife bakın

**Şekersiz meyva püresi veya şekersiz pişmiş elma ile tatlandırın

SAĞLIKLI MENÜLER - 3. HAFTA

	Pazartesi	Salı	Çarşamba	Perşembe	Cuma	Cumartesi	Pazar
ÖĞLE	*Sebze çorbası *Kıymalı ekmek Fırında patlıcan Peynir	*Ispanak ve soya filizi salatası *Çin usulü tavuk Peynir	*Renkli salata *Sebzeli fırında omlet *Bademli çikolatalar	Kremalı kırmızı biber çorbası Yeşil limonlu deniz tarağı Ispanak Kremşantili kırmızı meyvalar	*Soğan çorbası *Biber dolması Peynir	*Turp ve rezene salatası Zeytinli tavşan eti Sarımsaklı mantar Peynir	*Kremalı karnıbahar çorbası *Karabiberli karides Şekersiz hurma kareleri
AKŞAM	Vinegret soslu avokado Bademli dil fileto Kâğıtta sebze Yoğurt	Kremalı domates çorbası *Bakliyat salatası **Yoğurt	Kremalı tavuk çorbası *Vişne soslu hindi göğsü Yoğurt	Krüdite *Leziz dip Bulgur kroket *İtalyan domates sosu *Çilekli sorbe	*Kısır *Maydanoz soslu tranş somon *Brüksel lahanası Yoğurt	Roka salatası *Sebzeli kırmızı kuru fasulye **Yoğurt	Mantar salatası Fırında omlet Sütsüz çikolata en az %70 kakaolu

*Tarife bakın

**Şekersiz meyva püresi veya şekersiz pişmiş elma ile tatlandırın

SAĞLIKLI MENÜLER - 4. HAFTA

	Pazartesi	Salı	Çarşamba	Perşembe	Cuma	Cumartesi	Pazar
ÖĞLE	*Renkli salata *Şişte süt danası Peynir	*Yunan salatası Izgarada hindi göğsü Fırında kuşkonmaz Kremşantili meyvalar	*Beyaz ve kırmızı lahana salatası *Yumurtalı domates dolması Yoğurt	Krüdite *Folyoda balık Körili kepekli pilav *Çikolatalı rüyalar	Konsome Fileminyon Mantar ve soğan sote Peynir	*Ispanak çorbası *Fas usulü tavuk Fesleğenli pesto soslu kabak Peynir	*Sezar salatası *Akdeniz usulü levrek
AKŞAM	Sebzeli çorba Ton balığı salatası Yoğurt	Yeşil salata Kepekli makarna *Mercimekli sos *Yulaf ezmesi ve muffinler	Çin salatası Bıldırcın *Türlü Yoğurt	*Ispanak ve soya filizi salatası *Mercimekli pirinç salatası *Frambuazlı kup	Andiv salatası *Fransız usulü balık çorbası Peynir	*Sultani bezelye ve andiv salatası *İtalyan usulü tofu kroketler Brokoli *Çikolatalı mousse	Krüdite *Leziz dip Sebzeli tart Peynir

*Tarife bakın

**Şekersiz meyva püresi veya şekersiz pişmiş elma ile tatlandırın

SAĞLIKLI MENÜLER - 5. HAFTA

	Pazartesi	Salı	Çarşamba	Perşembe	Cuma	Cumartesi	Pazar
ÖĞLE	*Kremalı mantar çorbası Tavada süt danası ciğeri *Kremalı sebzeler Yoğurt	Krüdite *Guacamole Tavuk salatası Peynir	Sebze salatası Peynir ve jambonlu omlet Sütsüz çikolata, en az %70 kakaolu	Füme istiridye *Krema soslu alabalık fileto Buharda taze fasulye Peynir	*Avokado salatası *Endülüs usulü kırmızı biber Peynir	Salatalık ve biber salatası Körili tavuk kalçası Wok'ta pişmiş sebze Peynir	Kremalı kuşkonmaz çorbası *Kaşarlı levrek fileto *Dolmalık fıstıklı brokoli ve karnıbahar Yoğurt
AKŞAM	Sardalya salatası Böcek *Brüksel lahanası *Çikolatalı fondü	Mantar dolması *Üç peynirli makarna **Yoğurt	Domates salatası *Portakal ve zencefil soslu tavuk göğsü Brokoli ograten Yoğurt	Kremalı brokoli çorbası Tofu ve sebze şiş Yoğurt	*Renkli salata *Balık dolması Az yağlı peynir	Sebzeli çorba *Nohutlu kısır *Frambuazlı dondurulmuş yoğurt	Lahana çorbası *Fırında kabak **Yoğurt

*Tarife bakın

**Şekersiz meyva püresi veya şekersiz pişmiş elma ile tatlandırın

SAĞLIKLI MENÜLER - 6. HAFTA

	Pazartesi	Salı	Çarşamba	Perşembe	Cuma	Cumartesi	Pazar
ÖĞLE	*Kremalı karnıbahar çorbası	Şef salatası	*Ispanak çorbası	Çin salatası	Mantar salatası	Krüdite	*Renkli salata
	*Dana eti	Soslu balık	Yumurta salatası	*Folyoda balık	*Güney Amerika usulü türlü	*Leziz dip	*Tranş somon
	Sebze	Domates ve mantar		Üç renk dolmalık biber sote		*Fas usulü tavuk	Patlıcan ograten
	*Çilekli mousse	Peynir	Peynir	Peynir	Sütsüz çikolata, en az %70 kakaolu	**Yoğurt	Peynir
AKŞAM	*Semizotu salatası	Krüdite	*Avokado salatası	Kremalı kereviz çorbası	*Maydanoz çorbası	Kremalı brokoli çorbası	Sebzeli çorba
	*Şişte deniz mahsülleri	*Sebzeli kırmızı kuru fasulye	Bıldırcın	Sebzeli lazanya	*Somon kroket	*Izgara tofu	Peynirli soufle
			*Biber demeti		*Kabak ve biber şiş		Kuşkonmaz
	Yoğurt	*Frambuazlı kup	Yoğurt	*Meyva eşliğinde sütlü tatlı	Yoğurt	Yoğurt	Yoğurt

*Tarife bakın

**Şekersiz meyva püresi veya şekersiz pişmiş elma ile tatlandırın

SAĞLIKLI MENÜLER - 7. HAFTA

	Pazartesi	Salı	Çarşamba	Perşembe	Cuma	Cumartesi	Pazar
ÖĞLE	Domates salatası *Şişte süt danası Sebze Peynir	*Avokado salatası Sebzeli şerit tavuk Peynir	*Sezar salatası Sebzeli omlet Peynir	*Çin çorbası *Kaşarlı levrek fileto *Körili karnıbahar ve kabak Peynir	*Beyaz ve kırmızı lahana salatası Hardallı dana fileto *Kremalı sebzeler Peynir	Sebzeli çorba *Marine edilmiş hindi şnitzel Peynir	Yeşil salata Lüfer Brokoli Peynir
AKŞAM	Kremalı kuşkon-maz çorbası Yengeç salatası **Yoğurt	*Kremalı mantar çorbası *Yumurtalı domates dolması Çikolata, en az kakaolu	Kremalı brokoli çorbası Fırında kaz Frambuaz sirkeli kırmızı lahana Az yağlı peynir	Domates salatası Bakliyat çorbası Yoğurt	Bahar salatası *Provans usulü ton balığı Kepekli basmati pilavı Yoğurt	Salatalık salatası *Nohutlu bulgur *Çikolatalı mousse	*Renkli salata *Fırında kabak *Frambuazlı kup

*Tarife bakın

**Şekersiz meyva püresi veya şekersiz pişmiş elma ile tatlandırın

SAĞLIKLI MENÜLER - 8. HAFTA

	Pazartesi	Salı	Çarşamba	Perşembe	Cuma	Cumartesi	Pazar
ÖĞLE	Sebze salatası *Biber dolması Peynir	*Ispanak çorbası Zeytin ve kurutulmuş domatesli tavuk Brokoli ve karnıbahar ograten	*Avokado salatası *Meksika usulü omlet Peynir	Sebzeli çorba *Somon kroket Domates ve salatalık Peynir	Semizotu çorba *Sebzeli dana eti Peynir	Semizotu salatası Portakallı ördek Taze fasulye **Yoğurt	Domates çorbası Ton balığı salatası *Çilekli mousse
AKŞAM	Domates suyu *Maydanoz soslu tranş somon **Yoğurt	*Renkli salata Soyulmuş arpa *Mercimekli sos **Yoğurt	Krüdite *Uzak Doğu usulü tavuk şiş **Yoğurt	Rendelenmiş havuç salatası *Bezelye çorbası Yoğurt	*Ispanak ve soya filizi ve salatası Izgara ıstakoz Yoğurt	Krüdite *Leziz dip *Peynir ve ıspanaklı rulolar Çikolata, en az %70 kakaolu	Kremalı sebze çorbası Mantarlı kiş Salatalık salatası Yoğurt

*Tarife bakın

**Şekersiz meyva püresi veya şekersiz pişmiş elma ile tatlandırın

SAĞLIKLI MENÜLER - 9. HAFTA

	Pazartesi	Salı	Çarşamba	Perşembe	Cuma	Cumartesi	Pazar
ÖĞLE	Enginar kalbi Izgara süt danası ciğeri *Körili karnıbahar ve kabak Peynir	*Yunan salatası Tavuk Taze fasulye Peynir	*Soğan çorbası Mantarlı omlet *Çikolatalı mousse	Krüdite ve *Guacamole *Kaşarlı levrek fileto Brokoli Peynir	*Semizotu salatası *Soya filizli dana eti Kremşantili kırmızı meyvalar	Yeşil salata *Çin usulü tavuk Peynir	*Maydanoz çorbası *Provans usulü ton balığı Peynir
AKŞAM	*Sebze çorbası *Baharatlı karides sote Çikolata en az %70 kakaolu	*Ispanak ve soya filizi salatası *Mercimekli pirinç salatası **Yoğurt	Sebze salatası Nice usulü tavuk Yoğurt	Sebzeli çorba *Üç peynirli makarna	Salatalık salatası *Şişte deniz mahsülleri Yoğurt	*Ispanak çorbası Sebzeli bulgur *Frambuazlı dondurulmuş yoğurt	Domates salatası *Jambonlu yumurta Peynir

*Tarife bakın

**Şekersiz meyva püresi veya şekersiz pişmiş elma ile tatlandırın

SAĞLIKLI MENÜLER - 10. HAFTA

	Pazartesi	Salı	Çarşamba	Perşembe	Cuma	Cumartesi	Pazar
ÖĞLE	Sebze salatası *Dana eti Buharda sebze *Çikolatalı	*Ispanak çorbası Tavuk *Biber demeti Peynir	Krüdite *Soğuk salsa *Yumurtalı domates dolması Peynir	Somon salatası Peynir	*Semizotu salatası *Güney Amerika usulü türlü Peynir	Yeşil salata *Sebzeli fırında omlet Peynir	Domates salatası Izgara alabalık Buharda karnıbahar Peynir
AKŞAM	*Avokado salatası *Folyoda balık *Körili karnıbahar ve kabak Az yağlı peynir	*Sebze çorbası *Nohutlu kısır Yoğurt	Sebzeli çorba *Portakal ve zencefil soslu tavuk göğsü Az yağlı peynir	*Ispanak ve soya filizi salatası *Sebzeli kırmızı kuru fasulye *Körili karnıbahar ve kabak **Yoğurt	*Çin çorbası *Şişte deniz mahsülleri Frambuazlı kup	*Soğan çorbası Makarna *Domates ve kırmızı biberli sos *Çilekli mousse	Yeşil salata Kuşkonmazlı kiş Yoğurt

*Tarife bakın

**Şekersiz meyva püresi veya şekersiz pişmiş elma ile tatlandırın

SAĞLIKLI MENÜLER - 11. HAFTA

	Pazartesi	Salı	Çarşamba	Perşembe	Cuma	Cumartesi	Pazar
ÖĞLE	Krüdite *Endülüs usulü kırmızı biber Peynir	Andiv salatası Tavuk *Ispanaklı beyaz sos Peynir	Ispanak ve karides salatası *Fırında kabak Kremşantili kırmızı meyvalar	*Kremalı karnıba-har çorbası Ton balığı salatası kuzu köfte Peynir	Enginar kalbi *Parmesan soslu *Türlü Peynir	*Arpa çorbası *Tavuk dolması *Bademli çikolatalar	Domates salatası *Meksika usulü omlet Peynir
AKŞAM	*Kremalı mantar *Krema soslu alabalık fileto Buharda sebze Yoğurt	Sebze salatası Kepekli makarna *Tofulu domates sosu *Frambuazlı kup	Krüdite Şarap soslu hindi butu *Kabak ve biber şiş Yoğurt	Sebzeli çorba *Kepekli pirinç salatası *Meyva eşliğinde sütlü tatlı	Krüdite *Sebze suyunda pişmiş somon fileto *Kremalı sebzeler **Yoğurt	*Renkli salata *Nohut köftesi Kuru fasulye Yoğurt	Lahana çorbası *Karabiberli karides *Kabak tava Çikolata, en az %70 kakaolu

*Tarife bakın

**Şekersiz meyva püresi veya şekersiz pişmiş elma ile tatlandırın

SAĞLIKLI MENÜLER - 12. HAFTA

	Pazartesi	Salı	Çarşamba	Perşembe	Cuma	Cumartesi	Pazar
ÖĞLE	*Avokado salatası *Domates soslu dana pirzola Brokoli Peynir	Şarap soslu midye *Musakka *Brüksel lahanası *Çikolatalı rüyalar	Roka salatası İspanyol usulü omlet Peynir	Yeşil salata *Kaşarlı levrek fileto Mantar sote Peynir	*Pırasa ve semizotu çorbası Süt danası ciğeri *Arpacık soğanlı bezelye Peynir	*Renkli salata Portakallı ördek Brokoli Peynir	*Semizotu salatası *Beyaz şarap soslu dil balığı *Mantar tava Peynir
AKŞAM	Rendelenmiş havuz salatası *Peynir ve ıspanaklı rulolar **Yoğurt	Sebzeli çorba Bulgur salatası Ispanak Yoğurt	Pırasa çorbası Izgara tavuk *Çilekli mousse	Sebze salatası Domates soslu bakla Kuşkonmaz Yoğurt	*Yunan salatası *Somon kroket Baharatlı pilav Buharda sebze **Yoğurt	*Sebze çorbası *Mercimekli pirinç salatası **Yoğurt	*Turp ve rezene salatası *Brokolili omlet *Frambuazlı kup

*Tarife bakın

**Şekersiz meyva püresi veya şekersiz pişmiş elma ile tatlandırın

ÇORBALAR

Kremalı mantar çorbası
2-3 kişilik

Malzemeler

- 1/2 su bardağı (125 ml) mantar sapları
- 1 1/2 su bardağı (375 ml) su
- 1 tatlı kaşığı (5 ml) sızma zeytinyağı
- 1/2 adet orta boy soğan, doğranmış
- 1 diş sarımsak, soyulmuş ve ezilmiş
- 2 su bardağı (500 ml) dilimlenmiş mantar
- 1/2 su bardağı (125 ml) krema
- Tuz ve karabiber

- Su ve mantar saplarını bir tencerede karıştırın. Bir taşım kaynatıp, kısık ateşte 30 dakika pişirin.
- Edindiğiniz mantar suyunu bir kâseye süzün ve saklayın.
- Mantarları pişirdiğiniz tencerede soğan ve sarımsağı zeytinyağında kavurun. Dilimlenmiş mantarları ilave edin ve orta ateşte 5 dakika pişirin.
- Mantar suyunu ve kremayı katıp, tuz, karabiberle tatlandırın. Ara sıra karıştırarak, kısık ateşte 5 dakika pişirin ve servis yapın.

Kremalı karnıbahar çorbası
4 kişilik

Malzemeler

- 3 yemek kaşığı (45 ml) sızma zeytinyağı
- 1 adet orta boy soğan, kıyılmış
- 1 adet küçük boy karnıbahar, küçük parçalara bölünmüş
- 3 yemek kaşığı (45 ml) ince kıyılmış maydanoz
- 2 su bardağı (500 ml) su
- 1 su bardağı (250 ml) ev yapımı yağı alınmış tavuk suyu
- 1 su bardağı (250 ml) krema
- Tuz ve karabiber

- Kısık ateşte, soğanı zeytinyağında 3 dakika kavurun. Karnıbahar ve maydanozu ilave edin. Ağzı yarı kapalı olarak 8-10 dakika pişirin.
- Su ve tavuk suyunu ilave edip bir taşım kaynatın. Ağzı yarı kapalı olarak 5 dakika kısık ateşte pişirin.
- Malzemeleri mikserde püre haline getirin. Kremayı ilave edin ve kısık ateşte birkaç dakika daha, ya da çorba daha kremamsı bir kıvama gelene kadar pişirin. Tuz ve karabiberle tatlandırıp, servis yapın.

Soğan çorbası
4 kişilik

Malzemeler

- 4 adet büyük boy soğan, kıyılmış
- 4 su bardağı (1 L) ev yapımı yağı alınmış et suyu
- 1/2 su bardağı (125 ml) sek beyaz şarap
- Tuz ve karabiber
- 2 küçük dilim kepekli ekmek, kızarmış
- 1 su bardağı (250 ml) rendelenmiş az yağlı Emmenthal veya Gravyer peyniri

- Soğan ve et suyunu bir tencereye koyup, bir taşım kaynatın. Kısık ateşte 20 dakika pişirin.
- Şarabı ilave edip 5 dakika daha pişirin. Tuz ve karabiberle tatlandırın.
- Fırının ızgarasını ısıtın.
- Çorbayı küçük güveç kaplarına bölüştürün. Her birinin üzerine birer dilim kızarmış ekmek ve bir miktar rendelenmiş peynir koyun. Izgaranın altında peynir kızarana kadar 8-10 dakika bekletin.

Arpa çorbası
4 kişilik

Malzemeler

- 5 su bardağı (1.25 L) ev yapımı yağı alınmış et suyu,
- 1/2 su bardağı (125 ml) kabuğu soyulmuş arpa, 8 saat ıslatılmış
- 1 adet orta boy soğan, iri doğranmış
- 1 sap kereviz, parçalar halinde kesilmiş
- 1 adet büyük boy pırasanın beyaz bölümü, halkalar halinde kesilmiş
- 1/2 su bardağı (125 ml) kıyılmış mantar
- 2 yemek kaşığı (30 ml) ince kıyılmış maydanoz
- Karabiber

- Et suyunu bir tencerede bir taşım kaynatın.
- Arpayı yıkayın ve süzün. Et suyuna sebzelerle birlikte ilave edin. Kısık ateşte 30 dakika ya da sebzeler yumuşayana kadar pişirin.
- Maydanoz ve karabiberle tatlandırıp, servis yapın.

Çin çorbası
3 - 4 kişilik

Malzemeler

- 1 yemek kaşığı (15 ml) sızma zeytinyağı
- 2 diş sarımsak, soyulmuş ve ezilmiş
- 3 su bardağı (750 ml) ev yapımı yağı alınmış tavuk suyu
- 1 su bardağı (250 ml) dondurulmuş Uzak Doğu sebzeleri
- 1 yemek kaşığı (15 ml) ince doğranmış taze zencefil
- 1/2 tatlı kaşığı (2 ml) toz Çin baharatları
- 1/2 tatlı kaşığı (1 ml) taze çekilmiş karabiber
- 10 adet orta boy taze deniz tarağı
- 10 adet orta boy taze karides
- 1/2 tatlı kaşığı (2 ml) susam yağı

- Zeytinyağını büyük bir tencereye koyun ve sarımsağı orta ateşte 1 dakika kavurun.
- Tavuk şuyunu ilave edip, bir taşım kaynatın. Sebzeleri, zencefil, baharatlar ve karabiberle birlikte katıp, tencerenin ağzını kapatın. Kısık ateşte 5 dakika pişirin.
- Deniz tarağı ve karidesleri ilave edin. 3-5 dakika ya da karidesler pembeleşip, deniz tarakları şeffaflıklarını yitirene kadar pişirin.
- Servis yapacağınız zaman susam yağını ilave edin.

Pırasa ve semizotu çorbası
4 kişilik

Malzemeler

- 1/2 yemek kaşığı (7.5 ml) sızma zeytinyağı
- 1 adet küçük boy pırasanın beyaz bölümü, kıyılmış
- 1/2 adet yeşil dolmalık biber, küçük doğranmış
- 1 diş sarımsak, soyulmuş ve ezilmiş
- 1 yemek kaşığı (15 ml) ince doğranmış taze zencefil
- 1/2 su bardağı (175 ml) semizotu yaprakları, yıkanmış
- 3 su bardağı (750 ml) ev yapımı yağı alınmış tavuk suyu
- 1 tatlı kaşığı (5 ml) susam yağı
- 1 tutam toz acı kırmızı biber

- Zeytinyağını bir tencerede orta ateşte ısıtın. Pırasa, yeşil biber, sarımsak ve zencefili ilave edin. 5 dakika ya da pırasa yumuşayana kadar pişirin.
- Semizotunu, et suyu ve susam yağı ile birlikte ilave edin. Kırmızı biberle tatlandırıp iyice karıştırın. Bir taşım kaynatın ve kısık ateşte 15 dakika pişirin.

Kuru fasulye çorbası
4 – 6 kişilik

Malzemeler

- 1 yemek kaşığı (15 ml) sızma zeytinyağı
- 1 adet büyük boy soğan, doğranmış
- 1 büyük diş sarımsak, soyulmuş ve ezilmiş
- 2 tatlı kaşığı (10 ml) toz acı kırmızı biber
- 1 tatlı kaşığı (5 ml) kuru kekik
- 8 su bardağı (2 L) ev yapımı yağı alınmış tavuk suyu
- 2 su bardağı (500 ml) küp küp doğranmış domates
- 1/2 tatlı kaşığı (2 ml) tuz
- 1/2 tatlı kaşığı (1 ml) taze çekilmiş kárabiber
- 1/2 adet küçük boy lahana, iri doğranmış
- 1/2 su bardağı (125 ml) küçük boy kepekli makarna
- 2 su bardağı (500 ml) haşlanmış kuru fasulye (pişme yöntemi için 196. sayfaya bakın)
- Arzu ettiğiniz kadar taze ıspanak

- Zeytinyağını büyük bir tencereye koyun ve 5 dakika ya da soğan yumuşayana kadar orta ateşte kavurun.
- Sarımsak, kırmızı biber ve kekiği ilave edin ve 30 saniye pişirin.
- Tavuk suyunu, domates, tuz ve karabiberle katın ve bir taşım kaynatın. Tencerenin ağzını kapatın ve kısık ateşte 15 dakika pişirin.
- Lahana ve makarnayı ilave edin. Ağzı kapalı olarak, kısık ateşte 20 dakika ya da lahana yumuşayana kadar pişirin.

- Kuru fasulyeyi katın ve iyice karıştırın. Birkaç dakika daha pişirin.
- Servis yapacağınız zaman ıspanağı ilave edin.

Bezelye çorbası
4 kişilik

Malzemeler

- 1 su bardağı (250 ml) bezelye
- 1 yemek kaşığı (15 ml) sızma zeytinyağı
- 1 sap kereviz, kıyılmış
- 1 adet orta boy soğan, küçük doğranmış
- 3 su bardağı (750 ml) ev yapımı yağı alınmış tavuk suyu
- 1 diş sarımsak, soyulmuş ve ezilmiş
- 1/2 su bardağı (50 ml) küp küp doğranmış jambon
- 1 yemek kaşığı (15 ml) ince kıyılmış maydanoz
- Tuz ve karabiber

- Zeytinyağını bir tencereye koyun ve kereviz ve soğanı kısık ateşte pişirin.
- Bezelyeleri kalan malzemelerle birlikte ilave edin. Ağzı kapalı olarak, kısık ateşte 20 dakika ya da bezelyeler yumuşayana kadar pişirin.

Maydanoz çorbası
3-4 kişilik

Malzemeler

- 3 su bardağı (750 ml) ev yapımı yağı alınmış tavuk suyu
- 1/2 su bardağı (50 ml) sek beyaz şarap
- 1 sap kereviz, iri doğranmış
- 1 adet taze soğan, doğranmış
- 2 su bardağı (500 ml) kıyılmış maydanoz
- 1/2 su bardağı (50 ml) krema
- Tuz ve karabiber
- Toz tatlı kırmızı biber

- Tavuk suyu ve şarabı bir tencereye dökün. Kereviz ve taze soğanı ilave edip, bir taşım kaynatın. Maydanozu katın ve orta ateşte 3 dakika pişirin.
- Karışımı ılımaya bırakın ve mikserde çekin.
- Tekrar tencereye dökün ve kremayı ilave edin. Tuz ve karabiberle tatlandırın ve kısık ateşte 10 dakika pişirin.
- Servis yapmadan önce üzerine toz kırmızı biber serpiştirin.

Sebze çorbası
4 kişilik

Malzemeler

- 2 yemek kaşığı (30 ml) sızma zeytinyağı
- 1 adet büyük boy soğan, küçük doğranmış
- 2 diş sarımsak, soyulmuş ve ezilmiş
- 5 su bardağı (1.25 L) ev yapımı yağı alınmış tavuk suyu
- 2 sap kereviz, kıyılmış
- 1/2 adet küçük boy lahana, iri doğranmış
- 1 su bardağı (250 ml) kıyılmış domates
- 1 su bardağı (250 ml) küp küp doğranmış domates
- 2 yemek kaşığı (30 ml) domates püresi
- 1 tatlı kaşığı (5 ml) kuru fesleğen
- 1 yemek kaşığı (15 ml) kuru kekik
- 1/2 tatlı kaşığı (1 ml) taze çekilmiş karabiber
- 1 adet kabak, dilimlenmiş
- 1/2 su bardağı (125 ml) küçük boy kepekli makarna
- 1/2 su bardağı (125 ml) haşlanmış kırmızı kuru fasulye (pişme yöntemi için 196. sayfaya bakın)
- 1/2 su bardağı (125 ml) haşlanmış kuru fasulye (pişme yöntemi için 196. sayfaya bakın)

- Zeytinyağını bir tencereye koyun ve soğan ve sarımsağı orta ateşte 2-3 dakika kavurun.
- Tavuk suyu, kereviz, lahana, domatesleri ve domates püresini ilave edin. Baharatlarla tatlandırın. İyice karıştırın ve bir taşım kaynatın. Ağzını kapatıp kısık ateşte 20 dakika pişirin.

- Kabak ve makarnayı katıp karıştırın. Ağzı kapalı olarak, 10-15 dakika pişirin. Fasulyeleri ilave edin. İyice karıştırıp 3 dakika kısık ateşte pişirin.

Ispanak çorbası
4 kişilik

Malzemeler

- 1 yemek kaşığı (15 ml) sızma zeytinyağı
- 1 adet orta boy soğan, küçük doğranmış
- 1 küçük diş sarımsak, soyulmuş ve ezilmiş
- 200 gr. taze ıspanak, yıkanmış, yaprakları ayıklanmış ve kurutulmuş
- 2 su bardağı (500 ml) su veya ev yapımı yağı alınmış tavuk suyu
- 2 su bardağı (500 ml) krema
- Tuz ve karabiber

- Zeytinyağını bir tencereye koyun ve soğan ve sarımsağı kısık ateşte 2 dakika pişirin. Ispanakları ilave edin ve sürekli karıştırarak 2 dakika pişirmeye devam edin.
- Su veya tavuk suyunu katın ve bir taşım kaynatın. Tencerenin kapağını yarı kapatın ve 5 dakika kısık ateşte pişirin.
- Karışımı mikserde püre haline getirin ve kremayı ilave edin. Kısık ateşte daha kremamsı kıvama gelene kadar birkaç dakika pişirin. Tuz ve karabiberle tatlandırın.

SALATALAR

Karnıbahar ve brokoli salatası
4 kişilik

Malzemeler

- 2 su bardağı (500 ml) karnıbahar, küçük parçalara bölünmüş
- 1 su bardağı (250 ml) brokoli, küçük parçalara bölünmüş
- 1/2 adet kırmızı biber, şeritler halinde kesilmiş
- 1/2 su bardağı (50 ml) siyah zeytin, çekirdekleri çıkarılıp ikiye kesilmiş
- 1/2 su bardağı (50 ml) sızma zeytinyağı
- 1 adet limonun suyu
- 1 diş sarımsak, soyulmuş ve ezilmiş
- 1 yemek kaşığı (15 ml) balsamik sirke
- 1 tatlı kaşığı (5 ml) hardal (tercihen Dijon hardalı)
- 1 tutam taze çekilmiş karabiber
- 1 yemek kaşığı (15 ml) ince kıyılmış maydanoz

- Karnıbaharı kaynar suda 2 dakika haşlayın.
- Brokoliyi ilave edip 3 dakika pişirin.
- Kırmızı biberi katın ve 3-4 dakika daha pişirin. Sebzelerin yumuşamış ancak hâlâ diri olmalarına dikkat edin. Pişme süresinin sonunda sebzeleri soğuk suya tutun ve süzün. Sebzeleri bir salata kâsesine koyun ve zeytinleri ilave edin. İyice karıştırın.
- Küçük bir kâsede hardal ve karabiberi, zeytinyağı, limon suyu, sarımsak ve balsamik sirkeyle birlikte çırpın.

- Sosu salatanın üzerine dökün. Üzerine maydanozu serpiştirin. İyice karıştırın ve soğuk veya oda sıcaklığında servis yapın.

Karides ve enginar salatası
4 kişilik

Malzemeler

- 24 adet orta boy karides, pişmiş, soyulmuş ve bağırsakları ayıklanmış
- 1 kutu enginar kalbi, süzülmüş
- 2 adet olgun avokado, dörde bölünmüş
- 1 sap kereviz, kıyılmış
- 6 adet çeri domates, ikiye kesilmiş
- Kremamsı salata sosu (39. sayfadaki tarife bakın)

- Bir salata kâsesinde tüm malzemeleri karıştırın.
- Salata sosunu katın ve iyice karıştırın. Servis yapmadan önce 10 dakika dinlendirin.

Pırasa salatası
4 kişilik

Malzemeler

- 4 adet orta boy pırasa
- 1/2 su bardağı (50 ml) dilimlenmiş siyah zeytin
- 1/2 su bardağı (125 ml) ufalanmış beyaz peynir
- Üç çeşit yağlı sos (37. sayfadaki tarife bakın)

- Pırasaları, yeşil bölümlerinden 5 cm bırakacak şekilde kesin. Uzunlamasına kesin ve iyice yıkayın. Buharda pişirin ve süzün.
- Dört tabağa birkaç salata yaprağı ve birer pırasa koyun. Bunların üzerine eşit şekilde zeytin ve peyniri serpiştirin. Salataların üzerlerine sosu gezdirin.

Sultani bezelye ve andiv salatası
4-6 kişilik

Malzemeler

- 125 gr. sultani bezelye
- 1 adet kıvırcık salata
- 1/2 adet andiv
- 1/2 adet radikyo
- 1/2 adet kırmızı biber, ince şeritler halinde kesilmiş
- Soya soslu salata sosu (41. sayfadaki tarife bakın)

- Sultani bezelyeleri yıkayın ve uçlarını kesin. Buharda 2 dakika pişirin. Soğuk suya tutun ve kurutun. Bir kenarda saklayın.
- Kıvırcık salata, andiv ve radikyo'yu yıkayın ve kurutun. Yapraklarını yırtın ve bir salata kâsesine koyun.
- Bezelye ve biberi ilave edin. İyice karıştırın. Salata sosunu gezdirin ve servis yapın.

Sezar salatası
4 kişilik

Malzemeler

- 1 adet marul
- 1 küçük dilim kızarmış kepekli ekmek, küp küp doğranmış (tercihe göre)
- 4 dilim beykın, pişmiş ve ufalanmış
- 1/2 su bardağı (50 ml) rendelenmiş Parmesan peyniri
- Sezar salatası sosu (61. sayfadaki tarife bakın)

- Marulu yıkayın ve kurutun. Yapraklarını yırtın ve bir salata kâsesine koyun. Salata sosunu ilave edin ve iyice karıştırın.
- Parmesan ve beykını üzerine serpiştirin. İyice karıştırıp servis yapın.

Renkli salata
4-6 kişilik

Malzemeler

- 1/2 adet radikyo
- 1/2 adet lollo rosso
- 1/2 adet kıvırcık salata
- 1/2 adet andiv
- 1/2 adet sarı dolmalık biber, küp küp doğranmış
- 1/2 su bardağı (50 ml) ince kıyılmış maydanoz
- 1 yemek kaşığı (15 ml) ince kıyılmış taze soğan
- Hardallı sos (35. sayfadaki tarife bakın)

- Radikyo, lollo rosso, kıvırcık salata ve andivi yıkayın ve kurutun. Yapraklarını yırtın ve bir salata kâsesine koyun.
- Biber, maydanoz ve taze soğanı ilave edin. Hepsini karıştırın. Salata sosunu gezdirin ve servis yapın.

Avokado salatası
4-6 kişilik

Malzemeler

- 1 adet lollo rosso
- 2 adet olgun avokado, dörde bölünmüş
- 1 adet domates, dörde bölünmüş
- 2 adet taze soğan, kıyılmış
- Hardallı sos (35. sayfadaki tarife bakın)

- Salatayı yıkayın, kurutun ve yapraklarını yırtın. Tüm malzemeleri bir salata kâsesine koyup, iyice karıştırın.
- Salata sosunu gezdirin ve servis yapın.

Ispanak ve soya filizi salatası
4 kişilik

Malzemeler

- 150 gr. taze ıspanak, ayıklanmış
- 2 su bardağı (500 ml) soya filizi
- 1/2 adet kırmızı biber, şeritler halinde kesilmiş
- Soya soslu salata sosu (41. sayfadaki tarife bakın)

- Ispanağı yıkayın ve kurutun. Yapraklarını yırtın ve soya filizi ve biberle birlikte bir salata kâsesine koyun. İyice karıştırın.
- Salata sosunu gezdirin ve servis yapın.

Beyaz ve kırmızı lahana salatası
4 kişilik

Malzemeler

- 2 su bardağı (500 ml) rendelenmiş beyaz lahana
- 1 su bardağı (250 ml) rendelenmiş kırmızı lahana
- 1/2 adet yeşil dolmalık biber, kıyılmış
- 1 sap kereviz, küp küp doğranmış
- 1 adet taze soğan, küçük doğranmış

Salata sosu

- 1/2 su bardağı (125 ml) yoğurt
- 1 yemek kaşığı (15 ml) sızma zeytinyağı
- 1/2 tatlı kaşığı (2ml) hardal (tercihen Dijon hardalı)
- 1 diş sarımsak, soyulmuş ve ezilmiş
- Tuz ve karabiber

- Sebzelerin hepsini bir salata kâsesinde karıştırın.
- Küçük bir kâsede salata sosunun malzemelerini yumurta çırpma teliyle çırpın. Sosu salatanın üzerine dökün, iyice karıştırın ve servis yapın.

Semizotu salatası
4 kişilik

Malzemeler

- 1 adet kıvırcık salata
- 2 su bardağı (500 ml) semizotu yaprakları
- 1 adet olgun domates, dörde bölünmüş
- 1 adet salatalık turşusu, ince dilimlenmiş
- 2 adet taze soğan, kıyılmış
- Tercih ettiğiniz salata sosu (35 ve 41. sayfadaki tariflere bakın)

- Salatayı yıkayın ve kurutun. Yapraklarını yırtın ve bir salata kâsesine koyun.
- Kalan malzemeleri ilave edin ve iyice karıştırın. Salata sosunu gezdirin ve servis yapın.

Turp ve rezene salatası
4 kişilik

Malzemeler

- 2 su bardağı (500 ml) ince kıyılmış lahana
- 2 su bardağı (500 ml) ince dilimlenmiş turp
- 2 adet taze soğan, ince kıyılmış
- 1 adet rezene, kıyılmış

Salata sosu

- 1/2 su bardağı (125 ml) sızma zeytinyağı
- 1/2 su bardağı (50 ml) balsamik sirke
- 1/2 tatlı kaşığı (2 ml) hardal tozu
- 1/2 tatlı kaşığı (1 ml) taze çekilmiş karabiber
- 1 tutam tuz

- Lahana, turp, taze soğan ve rezeneyi bir salata kâsesinde karıştırın.
- Küçük bir kâsede salata sosunun tüm malzemelerini yumurta çırpma teliyle iyice çırpın. Salatanın üzerine gezdirin ve servis yapın.

Yunan salatası
4 kişilik

Malzemeler

- 2 adet orta boy olgun domates, dörde bölünmüş
- 2 adet orta boy soğan, dörde bölünmüş
- 200 gr. beyaz peynir, ufalanmış
- Balsamik sirkeli sos (38. sayfadaki tarife bakın)
- Arzu ettiğiniz kadar Kalamata zeytini

- Domates, soğan ve peyniri bir salata kâsesine koyun ve iyice karıştırın.
- Salata sosunu ilave edip, iyice karıştırın. Salatayı Kalamata zeytinleri ile süsleyin. Servis yapmadan önce 15 dakika dinlendirin.

Uzak Doğu salatası
3-4 kişilik

Malzemeler

- 2 su bardağı (500 ml) lahana, ince şeritler halinde kesilmiş
- 1/2 adet kırmızı biber, kıyılmış
- 1 su bardağı (250 ml) ikiye kesilmiş sultani bezelye
- 1 adet taze soğan, ince doğranmış

Salata sosu

- 2 yemek kaşığı (30 ml) soya sosu
- 2 yemek kaşığı (30 ml) su
- 1 yemek kaşığı (15 ml) ince doğranmış taze zencefil
- 2 tatlı kaşığı (10 ml) susam yağı
- 1/2 tatlı kaşığı (1 ml) sarımsak tozu
- 1/2 tatlı kaşığı (1 ml) toz acı kırmızı biber

- Tüm sebzeleri bir salata kâsesinde karıştırın.
- Küçük bir kâsede salata sosunun malzemelerini yumurta çırpma teliyle çırpın. Sosu sebzelerin üzerine gezdirip servis yapın.

SALATA SOSLARI

Hardallı sos
1/2 su bardaklık (125 ml)

Malzemeler

- 1/2 su bardağı (125 ml) sızma zeytinyağı
- 2 yemek kaşığı (30 ml) hardal (tercihen Dijon hardalı)
- 1 1/2 yemek kaşığı (22 ml) taze sıkılmış limon suyu
- 1 büyük diş sarımsak, soyulmuş ve ezilmiş
- 2 tatlı kaşığı (10 ml) ince kıyılmış maydanoz
- Tuz ve karabiber

- Sosun malzemelerini küçük bir kâsede yumurta çırpma teliyle karıştırın.

Sezar salatası sosu
1/2 su bardaklık (125 ml)

Malzemeler

- 1 adet yumurta sarısı
- 2 yemek kaşığı (30 ml) taze sıkılmış limon suyu
- 1 büyük diş sarımsak, soyulmuş ve ezilmiş
- 1/2 su bardağı (125 ml) sızma zeytinyağı
- Tuz ve karabiber

- Yumurta sarısını bir kâsede çırpın. Limon suyu ve sarımsağı ilave edin. Zeytinyağını azar azar akıtarak ve sürekli çırparak karışıma katın. Tuz ve karabiberle tatlandırın.

Üç çeşit yağlı sos
1 su bardaklık (250 ml)

Malzemeler

- 1/2 su bardağı (50 ml) sızma zeytinyağı
- 1/2 su bardağı (50 ml) ayçiçek yağı
- 1/2 su bardağı (50 ml) mısır özü yağı
- 1/2 su bardağı (50 ml) taze sıkılmış limon suyu
- 2 diş sarımsak, soyulmuş ve ezilmiş
- 1 yemek kaşığı (15 ml) hardal (tercihen Dijon hardalı)
- 1 yemek kaşığı (15 ml) ince kıyılmış taze kişniş
- 1 yemek kaşığı (15 ml) ince kıyılmış taze tarhun
- Tuz ve karabiber

- Sosun malzemelerini bir kâsede yumurta çırpma teliyle karıştırın.

Balsamik sirkeli sos
1 su bardaklık (250 ml)

Malzemeler

- 1/2 su bardağı (175 ml) sızma zeytinyağı
- 1/2 su bardağı (50 ml) ev yapımı yağı alınmış tavuk suyu
- 3 yemek kaşığı (45 ml) balsamik sirke
- 2 yemek kaşığı (30 ml) taze sıkılmış limon suyu
- 1 diş sarımsak, soyulmuş ve ezilmiş
- 1 yemek kaşığı (15 ml) ince kıyılmış taze kekik
- 1 yemek kaşığı (15 ml) ince kıyılmış taze fesleğen
- Tuz ve karabiber

- Sosun malzemelerini bir kâsede yumurta çırpma teliyle karıştırın.

Kremamsı salata sosu

Takriben 1/2 su bardaklık (175 ml)

Malzemeler

- 1 adet yumurta sarısı
- 2 tatlı kaşığı (10 ml) hardal (tercihen Dijon hardalı)
- 2 tatlı kaşığı (10 ml) ince kıyılmış maydanoz
- Tuz ve karabiber
- 2 yemek kaşığı (30 ml) taze sıkılmış limon suyu
- 1/2 su bardağı (50 ml) sızma zeytinyağı
- 1/2 su bardağı (50 ml) ayçiçek yağı
- 2 yemek kaşığı (30 ml) krema

- Yumurta sarısını, hardal ve maydanozla bir kâsede çırpın. Tuz, karabiber ve limon suyu ile tatlandırın.
- Zeytinyağı ve ayçiçek yağını azar azar akıtarak ve sürekli çırparak karışıma katın. Kremayı ilave edin.

Aromatik salata sosu

Takriben 1/2 su bardaklık (175 ml)

Malzemeler

- 1/2 su bardağı (125 ml) sızma zeytinyağı
- 3 yemek kaşığı (45 ml) taze sıkılmış yeşil limon suyu
- 1 1/2 yemek kaşığı (22 ml) balsamik sirke
- 1 yemek kaşığı (15 ml) hardal (tercihen Dijon hardalı)
- 1 küçük diş sarımsak, soyulmuş ve ezilmiş
- Tuz ve karabiber

- Sosun tüm malzemelerini küçük bir kâsede yumurta çırpma teliyle karıştırın.

Soya soslu salata sosu
2/3 su bardaklık (150 ml)

Malzemeler

- 1/2 su bardağı (125 ml) ev yapımı yağı alınmış tavuk suyu
- 1 veya 2 yemek kaşığı (15-30 ml) soya sosu
- 1/2 adet limonun suyu
- 1 diş sarımsak, soyulmuş ve ezilmiş
- 1 yemek kaşığı (15 ml) kuru maya

- Sosun malzemelerini küçük bir kâsede yumurta çırpma teliyle karıştırın.

DİPLER

Domatesli dip
Takriben 2/3 su bardaklık (150 ml)

Malzemeler

- 2 adet orta boy olgun domates, çekirdekleri ayıklanmış ve küçük doğranmış
- 1 yemek kaşığı (15 ml) küçük doğranmış soğan
- 1 büyük diş sarımsak, soyulmuş ve ezilmiş
- 1 yemek kaşığı (15 ml) sızma zeytinyağı
- 1 tatlı kaşığı (5 ml) taze sıkılmış limon suyu
- 1/2 tatlı kaşığı (2 ml) balsamik sirke
- 1 yemek kaşığı (15 ml) fesleğenli pesto sosu
- 1 yemek kaşığı (15 ml) ince kıyılmış maydanoz
- Tuz ve karabiber

- Malzemelerin tümünü bir kâseye koyup iyice karıştırın. Servis yapmadan önce buzdolabında 3-4 saat dinlendirin.

Öneri

Bu sos et, balık, baklagiller ve pilav eşliğinde sunulabilir.

Izgara kırmızı biber sosu
Takriben 1 su bardaklık (250 ml)

Malzemeler

- 2 yemek kaşığı (30 ml) sızma zeytinyağı
- 2 yemek kaşığı (30 ml) ince kıyılmış maydanoz
- 1 yemek kaşığı (15 ml) taze sıkılmış yeşil limon suyu
- 1 diş sarımsak, soyulmuş ve ezilmiş
- 1 su bardağı (250 ml) büyük parçalar halinde ızgarada pişmiş kırmızı biber

- Maydanozu mikserde zeytinyağı, yeşil limon suyu ve sarımsakla iyice kıyın.
- Kırmızı biberleri ilave edip makineyi kısaca çalıştırın ki biber parçaları çok küçülmesin. Servis yapmadan önce oda sıcaklığında en az 30 dakika dinlendirin.

Öneri

Bu sos tavuk, balık, makarna ve pilav eşliğinde sunulabilir.

Guacamole

Takriben 2 su bardaklık (500 ml)

Malzemeler

- 2 adet olgun avokado, soyulmuş
- 1/2 adet limonun suyu
- 1 adet domates, küçük doğranmış
- 1 adet küçük boy kırmızı soğan, küçük doğranmış
- 2 diş sarımsak, soyulmuş ve ezilmiş
- 1/2 tatlı kaşığı (1 ml) taze çekilmiş karabiber

- Mikserde veya bir çatal yardımıyla avokadoları limon suyuyla birlikte püre haline getirin.
- Kalan malzemeleri ilave edip iyice karıştırın.

Öneri

Kepekli kraker üzerinde veya krüdite için dip olarak servis yapın.

Humus

Takriben 1 1/2 su bardaklık (300 ml)

Malzemeler

- 1 su bardağı (250 ml) haşlanmış nohut (pişme yöntemi için 196. sayfaya bakın)
- 1/2 su bardağı (50 ml) yoğurt
- 1/2 tatlı kaşığı (2 ml) köri
- 2 yemek kaşığı (30 ml) taze sıkılmış limon suyu

- Tüm malzemeleri mikserde kremamsı bir kıvama gelene kadar karıştırın.

Öneri

Kepekli kraker üzerinde veya krüdite için dip olarak servis yapın.

Mayonez
1 1/2 su bardaklık (375 ml)

Malzemeler

- 1 adet büyük boy yumurta
- 1 tatlı kaşığı taze sıkılmış limon suyu
- 1 diş sarımsak, soyulmuş ve ezilmiş
- 1 tutam tuz
- 1 su bardağı (250 ml) sızma zeytinyağı

- Mikserde yumurta, limon suyu, sarımsak ve tuzu karıştırın. Makine çalışırken zeytinyağını azar azar akıtarak ilave edin.

Nohut püresi
Takriben 2 su bardaklık (500 ml)

Malzemeler

- 1 su bardağı (250 ml) haşlanmış nohut (pişme yöntemi için 196. sayfaya bakın)
- 1/3 su bardağı (75 ml) tahin
- 2 yemek kaşığı (30 ml) sızma zeytinyağı
- 2 yemek kaşığı (30 ml) küçük doğranmış kırmızı biber
- 2 yemek kaşığı (30 ml) küçük doğranmış yeşil dolmalık biber
- 1 büyük diş sarımsak, soyulmuş ve ezilmiş
- 2 tatlı kaşığı (10 ml) taze sıkılmış yeşil limon suyu
- 1 yemek kaşığı (15 ml) ince kıyılmış taze nane
- Tuz ve karabiber

- Nohut hariç tüm malzemeyi miksere koyup püre haline getirin.
- Nohutları azar azar ilave edin. Kremamsı bir kıvam elde etmek için gerekirse su veya sebze suyu ilave edin. Tuz ve karabiberle tatlandırın.

Öneri

Kepekli kraker üzerinde servis yapın.

Soğuk salsa
Takriben 2 su bardaklık (500 ml)

Malzemeler

- 1 yemek kaşığı (15 ml) sızma zeytinyağı
- 1 adet orta boy soğan, küp küp doğranmış
- 2 diş sarımsak, soyulmuş ve ezilmiş
- 1/2 adet yeşil dolmalık biber, küp küp doğranmış
- 1/2 adet kırmızı biber, küp küp doğranmış
- 1 su bardağı (250 ml) küp küp doğranmış domates
- 1 tatlı kaşığı (5 ml) kırmızı şarap sirkesi
- 1/2 tatlı kaşığı (2 ml) kimyon
- 1/2 tatlı kaşığı (1 ml) taze çekilmiş karabiber
- 1 tutam toz tatlı kırmızı biber

- Tüm malzemeleri bir kâsede karıştırın. Servis yapmadan önce en az 12 saat buzdolabında bekletin.

Leziz dip
1 su bardaklık (250 ml)

Malzemeler

- 1/2 su bardağı (125 ml) krema
- 1 yemek kaşığı (15 ml) taze sıkılmış limon suyu
- 1/2 su bardağı (50 ml) yoğurt
- 2 yemek kaşığı (30 ml) küçük doğranmış kırmızı soğan
- 1 diş sarımsak, soyulmuş ve ezilmiş
- 2 yemek kaşığı (30 ml) ince kıyılmış taze soğan
- 1 tatlı kaşığı (5 ml) ince kıyılmış dereotu (tercihe göre)

- Malzemelerin tümünü hava geçirmeyen bir kapta karıştırın. Servis yapmadan önce takriben 45 dakika buzdolabında bekletin.

Öneri

Izgara et eşliğinde veya krüdite için dip olarak servis yapın.

Cacık
1 su bardaklık (250 ml)

Malzemeler

- 1/2 su bardağı (175 ml) krema
- 1/2 su bardağı (50 ml) yoğurt
- 2 yemek kaşığı (30 ml) küp küp doğranmış salatalık
- 2 büyük diş sarımsak, soyulmuş ve ezilmiş
- 1 yemek kaşığı (15 ml) taze sıkılmış yeşil limon suyu
- 1 tatlı kaşığı (5 ml) sızma zeytinyağı
- 1/2 tatlı kaşığı (2 ml) balsamik sirke
- 2 yemek kaşığı (30 ml) ince kıyılmış maydanoz

- Malzemelerin tümünü yumurta çırpma teliyle küçük bir kâsede karıştırın. Servis yapmadan önce en az 2 saat buzdolabında bekletin.

Öneri

Izgara et eşliğinde veya krüdite için dip olarak servis yapın.

SOSLAR, ET VE SEBZE SULARI

Maydanozlu pesto
Takriben 3 su bardaklık (750 ml)

Malzemeler

- 2 su bardağı (500 ml) ince kıyılmış maydanoz
- 1/2 su bardağı (50 ml) rendelenmiş Parmesan peyniri
- 1 diş sarımsak, soyulmuş ve ezilmiş
- 1/2 su bardağı (125 ml) dolmalık fıstık
- 1/2 su bardağı (125 ml) sızma zeytinyağı

- Maydanozu mikserde kıyın. Parmesan, sarımsak ve dolmalık fıstıkları ilave edin.
- Tüm malzemeyi parçacıklar kalmayacak şekilde iyice püre haline getirin ve zeytinyağını azar azar akıtarak karıştırın.

Not: Maydanoz yerine taze fesleğen kullanabilirsiniz.

Sıcak salsa
Takriben 4 su bardaklık (1 L)

Malzemeler

- 1 yemek kaşığı (15 ml) sızma zeytinyağı
- 1 adet orta boy soğan, küp küp doğranmış
- 2 diş sarımsak, soyulmuş ve ezilmiş
- 1/2 adet yeşil dolmalık biber, küp küp doğranmış
- 1/2 adet kırmızı biber, küp küp doğranmış
- 2 su bardağı (500 ml) kıyılmış domates
- 1 tatlı kaşığı (5 ml) kırmızı şarap sirkesi
- 1/2 tatlı kaşığı (2 ml) kimyon
- 1/2 tatlı kaşığı (1 ml) taze çekilmiş karabiber
- 1 tutam toz kırmızı biber

- Zeytinyağını bir tencereye koyun ve soğan, sarımsak ve biberleri, soğan şeffaflaşana kadar kavurun.
- Domates, sirke ve baharatları ilave edin. İyice karıştırın ve 30 dakika kısık ateşte pişirin.

Öneri:

Tavuk, balık ve lazanya ile birlikte servis edilebilir.

Kıymalı sos
6 kişilik

Malzemeler

- 3 su bardağı (750 ml) kıyılmış domates
- 3 su bardağı (750 ml) domates sosu
- 1/2 su bardağı (50 ml) domates püresi
- 2 yemek kaşığı (30 ml) sızma zeytinyağı
- 2 adet orta boy soğan, iri doğranmış
- 1 sap kereviz, iri doğranmış
- 1 adet orta boy yeşil dolmalık biber, iri doğranmış
- 225 gr. yağsız dana kıyma
- 1 tatlı kaşığı (5 ml) bulyon sebze suyu
- 1/2 tatlı kaşığı (2ml) kuru kekik
- 1/2 tatlı kaşığı (2ml) kuru fesleğen
- 1/2 tatlı kaşığı (2ml) kuru tarhun
- 1/2 tatlı kaşığı (1 ml) kırmızı pul biber
- Tuz ve karabiber
- 1 diş sarımsak, soyulmuş ve ezilmiş

- Kıyılmış domates, domates sosu ve domates püresini büyük bir tencereye koyun. Zeytinyağını, soğan, kereviz ve biberle birlikte ilave edin ve bir kenarda tutun.
- Yapışmaz bir tavada kıymayı kavurun.
- Kıymanın fazla yağını akıtın ve bulyon sebze suyu ile birlikte sosa ilave edin. Baharatlar, tuz ve karabiberle tatlandırın. Hepsini iyice karıştırın ve ağzı kapalı, kısık ateşte ara sıra karıştırarak 30 dakika pişirin.
- Sarımsağı katın ve ağzı açık olarak 45-60 dakika daha pişirin.

Mercimekli sos
3-4 kişilik

Malzemeler

- 1 yemek kaşığı (15 ml) sızma zeytinyağı
- 1 adet orta boy soğan, küçük doğranmış
- 1 diş sarımsak, soyulmuş ve ezilmiş
- 1 sap kereviz, küçük doğranmış
- 1/2 su bardağı (125 ml) kıyılmış mantar
- 2 su bardağı (500 ml) kıyılmış domates
- 1/2 su bardağı (125 ml) domates püresi
- 1 tatlı kaşığı (5 ml) kuru kekik
- 1/2 tatlı kaşığı (2 ml) kuru fesleğen
- 1/2 tatlı kaşığı (1 ml) taze çekilmiş karabiber
- 1 su bardağı (250 ml) haşlanmış mercimek (pişme yöntemi için 196. sayfaya bakın)

- Zeytinyağını bir tencereye koyun ve soğan, sarımsak, kereviz ve mantarları 2-3 dakika pişirin.
- Domatesi, domates püresi ve baharatlarla birlikte ilave edin. İyice karıştırın ve 10 dakika kısık ateşte pişirin.
- Mercimeği katın ve 5 dakika daha pişirin.

Domates ve kırmızı biberli sos
3-4 kişilik

Malzemeler

- 2 yemek kaşığı (30 ml) sızma zeytinyağı
- 1/2 adet orta boy soğan, doğranmış
- 1 diş sarımsak, soyulmuş ve ezilmiş
- 1 adet kırmızı biber, çekirdekleri ayıklanmış ve doğranmış
- 5 adet domates, doğranmış
- 12 adet taze fesleğen yaprağı, ince kıyılmış
- 1 adet defne yaprağı
- 1 tutam iri tuz
- 1/2 tatlı kaşığı (1 ml) taze çekilmiş karabiber

- Zeytinyağını bir tencereye koyun ve soğan, sarımsak ve kırmızı biberi orta ateşte 10 dakika pişirin.
- Domates ve baharatları ilave edin. Tencerenin ağzını kapatıp, 20 dakika boyunca ara sıra karıştırarak kısık ateşte pişirin.
- Defne yaprağını çıkarın ve sosu mikserde püre haline getirin.

Ispanaklı beyaz sos
3-4 kişilik

Malzemeler

- 2 yemek kaşığı (30 ml) sızma zeytinyağı
- 2 diş sarımsak, soyulmuş ve ezilmiş
- 1 adet orta boy soğan, doğranmış
- 2 su bardağı (500 ml) taze ıspanak, yıkanmış, yaprakları ayıklanmış ve doğranmış
- 1 su bardağı (250 ml) yoğurt
- 1/2 su bardağı (50 ml) beyaz şarap
- 1/2 .atlı kaşığı (1 ml) rendelenmiş muskat
- 1/2 tatlı kaşığı (1 ml) tuz
- 1/2 tatlı kaşığı (1 ml) taze çekilmiş karabiber
- 2 yemek kaşığı (30 ml) maydanozlu pesto (tarif için 57. sayfaya bakın)

- Büyük bir tavada zeytinyağını orta ateşte ısıtın. Sarımsağı, soğanla birlikte ilave edin ve 3-5 dakika ya da soğanlar yumuşayana kadar pişirin.
- Ispanakları ilave edin ve 1 dakika sürekli karıştırarak pişirin.
- Kalan malzemeyi katın ve ara sıra karıştırarak 2-3 dakika pişirin. Sosu kepekli makarnanın üzerinde servis yapın.

Öneri

Tavuk ve beyaz etli balıkların yanında sos olarak servis edilebilir.

Pembe sos
3-4 kişilik

Malzemeler

- 2 yemek kaşığı (30 ml) sızma zeytinyağı
- 1 adet orta boy soğan, doğranmış
- 2 diş sarımsak, soyulmuş ve ezilmiş
- 1 su bardağı (250 ml) yoğurt
- 1/2 su bardağı (50 ml) krema
- 1/2 su bardağı (125 ml) küp küp doğranmış domates
- 1/2 su bardağı (50 ml) kıyılmış domates
- 1/2 su bardağı (50 ml) beyaz şarap
- 1/2 tatlı kaşığı (1 ml) rendelenmiş muskat
- 1/2 tatlı kaşığı (1 ml) tuz
- 1/2 tatlı kaşığı (1 ml) taze çekilmiş karabiber

- Zeytinyağını bir tencereye koyun ve soğan ve sarımsağı orta ateşte 3-5 dakika ya da soğanlar yumuşayana kadar pişirin.
- Kalan malzemeleri ilave edin ve 5 dakika kısık ateşte pişirin. Kepekli makarnanın üzerinde servis yapın.

Tofulu domates sosu
4-6 kişilik

Malzemeler

- 7 su bardağı (1.75 L) kıyılmış domates
- 1 1/2 su bardağı (300 ml) domates püresi
- 2 diş sarımsak, soyulmuş ve ezilmiş
- 1 1/2 yemek kaşığı (22 ml) bulyon sebze suyu
- 2 tatlı kaşığı (10 ml) kuru fesleğen
- 1 tatlı kaşığı (5 ml) kekik
- 225 gr. tofu
- 2 yemek kaşığı (30 ml) sızma zeytinyağı

- Kıyılmış domates ve domates püresini bir tencereye koyun. Sarımsak, bulyon, fesleğen ve kekiği ilave edin. Ağzı kapalı olarak 30 dakika kısık ateşte pişirin.
- Tofuyu mikserde domates sosunun dörtte biriyle püre haline getirin. Sosa zeytinyağı ile birlikte ilave edin. Ağzı açık olarak 30-45 dakika daha pişirmeye devam edin.

İtalyan domates sosu
3-4 kişilik

Malzemeler

- 1 kg. domates, soyulmuş
- 3 diş sarımsak, soyulmuş ve ezilmiş
- 2 yemek kaşığı (30 ml) ince kıyılmış taze fesleğen
- 2 yemek kaşığı (30 ml) sızma zeytinyağı

- Domatesleri mikserde püre haline getirin.
- Kalan malzemeleri ilave edin. İyice karıştırın ve sıcak kepekli makarna üzerinde sos olarak servis yapın.

Not: Domatesleri 30 saniye kaynar suya batırarak daha kolay bir şekilde soyabilirsiniz.

Ev yapımı et suyu
Takriben 5 su bardaklık (1.25 L)

Malzemeler

- 1 yemek kaşığı (15 ml) sızma zeytinyağı
- 1.35 kilogram dana incik
- 6 su bardağı (1.5 L) su
- 2 adet orta boy soğan, iri doğranmış
- 1 sap yapraklı kereviz, doğranmış
- 2 diş sarımsak, soyulmuş ve ezilmiş
- 1/4 tatlı kaşığı (1 ml) kuru kekik
- 1/4 tatlı kaşığı (1 ml) kuru fesleğen
- 1 tutam hardal tozu
- Tuz ve karabiber

- Zeytinyağını büyük bir tencereye koyun ve inciği içinde kavurun. Kalan malzemeleri ilave edin ve bir taşım kaynatın. Ağzı kapalı olarak kısık ateşte 1.5-2 saat pişirin. 30 dakika dinlendirin.
- Et suyunu ince bir süzgeçten geçirerek büyük bir kâseye süzün.
- Ağzı kapalı olarak buzdolabına koyun. Soğuduğu zaman, kullanmadan önce et suyunun üzerindeki yağı bir kaşıkla alın.

Not: Et suyunu 3 günden uzun bir süre saklayacaksanız, dondurmanızı tavsiye ederiz.

Ev yapımı tavuk suyu
Takriben 5 su bardaklık (1.25 L)

Malzemeler

- 1 adet büyük boy tavuğun karkası, küçük parçalar halinde kesilmiş
- 6 su bardağı (1.5 L) su
- 2 adet orta boy soğan, dörde bölünmüş
- 3 sap yapraklı kereviz, iri doğranmış
- 1/2 adet beyaz turp
- 2 diş sarımsak, soyulmuş ve ezilmiş
- 1 yemek kaşığı (15 ml) kıyılmış maydanoz
- 1/4 tatlı kaşığı (1 ml) kuru kekik
- 1/4 tatlı kaşığı (1 ml) kuru fesleğen
- 1 adet küçük defne yaprağı
- Tuz ve karabiber

- Malzemelerin hepsini büyük bir tencerede karıştırın. Bir taşım kaynatın ve ağzı kapalı olarak kısık ateşte 1.5-2 saat pişirin. 30 dakika dinlendirin.
- Et suyuyla yaptığınız şekilde süzün ve yağını alın. Buzdolabı veya buzlukta saklayın.

Sebze suyu

Takriben 4 su bardaklık (1L)

Malzemeler

- 5 su bardağı (1.25 L) su
- 1/2 su bardağı (125 ml) kırmızı şarap sirkesi
- 1/2 tatlı kaşığı (2 ml) iri tuz
- 1 sap kereviz, iri doğranmış
- 1/2 su bardağı (50 ml) doğranmış soğan
- 1/2 tatlı kaşığı (1 ml) kuru kekik
- 1/2 tatlı kaşığı (2 ml) tane karabiber
- 1 adet defne yaprağı
- 1 tatlı kaşığı (5 ml) ince kıyılmış taze maydanoz

- Suyu bir tencerede kaynatın.
- Malzemelerin hepsini ilave edin ve ağzı kapalı olarak kısık ateşte 30 dakika pişirin.
- Sebze suyunu ince bir süzgeçten geçirerek süzün.

ET YEMEKLERİ

Montreal usulü dana eti
4 kişilik

Malzemeler

- Sızma zeytinyağı
- 450 gram dana biftek, yağı alınmış ve 2.5 cm uzunluğunda şeritler halinde kesilmiş
- 2 adet soğan, kıyılmış
- 2 su bardağı (500 ml) kıyılmış mantar
- 1/3 su bardağı (75 ml) ev yapımı yağı alınmış et suyu
- 2 büyük diş sarımsak, soyulmuş ve ezilmiş
- 1 tatlı kaşığı (5 ml) hardal (tercihen Dijon hardalı)
- Tuz ve karabiber
- 1 tutam toz kırmızı biber
- 1/2 su bardağı (50 ml) sek kırmızı şarap
- 1/2 tatlı kaşığı (2 ml) yulaf unu
- 1/2 su bardağı (125 ml) krema
- 1 tatlı kaşığı (5 ml) taze sıkılmış limon suyu
- 2 yemek kaşığı (30 ml) ince kıyılmış taze soğan
- 3 yemek kaşığı (45 ml) taze kıyılmış maydanoz

- Eti büyük bir tencerede 2 yemek kaşığı zeytinyağı kullanarak rengi dönene kadar kavurun. Tencereden çıkarıp bir kenarda saklayın.
- Aynı tencereye 1 yemek kaşığı zeytinyağı ilave edin. Soğan ve mantarları katıp, hepsi yumuşayana kadar pişirin.
- Eti tencereye katın. Et suyu, sarımsak, hardal ve baharatları ilave edip, kısık ateşte takriben 10 dakika pişirin.

- Şarabı ilave edip 10 dakika daha pişirin.
- Tencereyi ateşten alıp yulaf unu, krema, limon suyu, taze soğan ve maydanozu katın. İyice karıştırıp servis yapın.

Parmesan soslu kuzu köfte
6 kişilik

Malzemeler

- 675 gr. yağsız kuzu kıyma
- 1 adet orta boy soğan, ince kıyılmış
- 2 yemek kaşığı (30 ml) yulaf unu
- 1/2 su bardağı (125 ml) domates suyu
- 2 diş sarımsak, soyulmuş ve ezilmiş
- 1 tatlı kaşığı (5 ml) kuru kekik
- 1 tatlı kaşığı (5 ml) kuru fesleğen
- 1 tatlı kaşığı (5 ml) kuru tarhun
- Tuz ve karabiber

Parmesanlı sos

- 2 tatlı kaşığı (10 ml) sızma zeytinyağı
- 1 adet ince kıyılmış taze soğan
- 1/2 su bardağı (50 ml) beyaz şarap
- 1/2 su bardağı (125 ml) krema
- 3 yemek kaşığı (45 ml) rendelenmiş Parmesan peyniri
- 1 yemek kaşığı (15 ml) ince kıyılmış maydanoz

- Kuzuyu bir kâsede soğan, yulaf unu, domates suyu, sarımsak ve baharatlarla iyice karıştırın. 30 dakika buzdolabında dinlendirdikten sonra 6 adet köfte hazırlayın.
- Sos için, küçük bir tencereye zeytinyağını koyun ve taze soğanı kısık ateşte kavurun. Şarabı ilave edip bir taşım kaynatın. Kremayı katın ve çok kısık ateşte 30 sani-

ye pişirin. Peynir ve maydanozu ilave edip sosu 2 dakika ya da kremamsı bir kıvama gelene kadar yumurta çırpma teliyle çırpın

- Yapışmaz bir tavada köftelerin her iki tarafını 3'er dakika pişirin. Sos eşliğinde servis yapın.

Şişte süt danası
4 kişilik

Malzemeler

- 675 gr. dana antrikot, yağı alınmış
- 16 adet arpacık soğan, soyulmuş
- 1 adet orta boy kabak, 1 cm kalınlığında dilimlenmiş
- 16 adet çeri domates

Marine etmek için sos

- 1/2 su bardağı (50 ml) sızma zeytinyağı
- 1 yemek kaşığı (15 ml) soya sosu
- 2 yemek kaşığı (30 ml) küçük doğranmış taze zencefil
- 2 tatlı kaşığı (10 ml) köri

- Eti 2.5 cm büyüklüğünde kuşbaşı şeklinde kesin.
- Büyük bir kâsede eti marine etmek için kullanılacak sosun malzemelerini karıştırın. Bunun dörtte birini pişme süresinde kullanmak üzere ayırın. Eti ilave edin ve iyice karıştırın. Takriben 3 saat buzdolabında ağzı kapalı olarak bekletin.
- Soğanları yumuşayana kadar hafif tuzlu suda kaynatın.
- Fırının ızgarasını ısıtın.
- Et parçaları ve sebzeleri sırayla şişlere geçirin. Soğan, kabak ve domateslerin üzerine ayırdığınız sostan sürün.
- Şişleri sığ bir fırın kabına koyun. Izgaranın altında takriben 15 dakika pişirin. Şişleri ara sıra çevirip üzerlerine sos sürmeye dikkat edin.

Chili con carne
4 kişilik

Malzemeler

- 3 yemek kaşığı (45 ml) sızma zeytinyağı
- 1 adet büyük boy soğan, iri doğranmış
- 1/2 adet yeşil dolmalık biber, iri doğranmış
- 1 sap kereviz, iri doğranmış
- 450 gr. yağsız dana kıyma
- 3 diş sarımsak, soyulmuş ve ezilmiş
- 2 tatlı kaşığı (10 ml) kuru kekik
- 2 tatlı kaşığı (10 ml) kimyon
- 1 veya 2 tatlı kaşığı (5-10 ml) toz acı kırmızı biber
- 5 su bardağı (1.25 L) kıyılmış domates
- 2 tatlı kaşığı (10 ml) bulyon sebze suyu
- 1 tatlı kaşığı (5 ml) soya sosu
- 2 su bardağı (500 ml) haşlanmış kırmızı kuru fasulye (pişme yöntemi için 196. sayfaya bakın)

- Zeytinyağını bir tavaya koyup, soğan, biber ve kerevizi kısık ateşte pişirin.
- Bu arada kıymayı bir tencerede kavurun. Sebzeleri, sarımsak ve baharatlarla birlikte ilave edin. İyice karıştırıp birkaç dakika pişirin.
- Domates, bulyon ve soya sosunu ilave edin ve kısık ateşte 30 dakika pişirin.
- Fasulyeleri ilave edin ve 15 dakika daha pişirmeye devam edin.

Lahana dolması
4 kişilik

Malzemeler

- 8 adet büyük boy yeşil lahana yaprağı
- 2 yemek kaşığı (30 ml) sızma zeytinyağı
- 3 adet orta boy soğan, doğranmış
- 3 diş sarımsak, soyulmuş ve ezilmiş
- 450 gr. yağsız kuzu kıyma
- 1 su bardağı (250 ml) haşlanmış yeşil mercimek (pişme yöntemi için 196. sayfaya bakın)
- 2 yemek kaşığı (30 ml) soya sosu
- 1 yemek kaşığı (15 ml) kuru kekik
- 1 yemek kaşığı (15 ml) kuru fesleğen
- 1/2 tatlı kaşığı (2 ml) toz tatlı kırmızı biber
- Tuz ve karabiber
- 4 su bardağı (1 L) İtalyan domates sosu (tarif için 65. sayfaya bakın)
- İnce kıyılmış maydanoz (tercihe göre)

- Lahana yapraklarını yumuşatmak için buharda pişirin. Bir kenarda saklayın.
- Zeytinyağını bir tencereye koyun ve soğan ve sarımsağı orta ateşte takriben 5 dakika kavurun.
- Kıymayı ilave edin ve 8-10 dakika pişirin.
- Mercimek, soya sosu ve baharatları ilave edip 5 dakika daha pişirin.

- Fırını 180 dereceye kadar ısıtın.
- Hazırladığınız mercimekli içi 8 yaprağın üzerine eşit bir şekilde bölüştürün. Yaprakları sarıp uçlarını kürdanla tuturun. Dolmaları bir fırın kabına dizin ve üzerine domates sosunu dökün. Kabı folyo ile kaplayın ve fırında 1 saat pişirin.

Domates soslu dana pirzolası
4 kişilik

Malzemeler

- Sızma zeytinyağı
- 1 adet orta boy soğan, ince doğranmış
- 6 adet orta boy olgun domates, soyulmuş ve iri doğranmış
- 1 büyük diş sarımsak, soyulmuş ve ezilmiş
- 3 yemek kaşığı (45 ml) fesleğenli pesto sosu
- 2 yemek kaşığı (30 ml) taze sıkılmış yeşil limon suyu
- 1 tatlı kaşığı (5 ml) kuru kekik
- 1 tatlı kaşığı (5 ml) kuru tarhun
- 1 tatlı kaşığı (5 ml) kereviz tuzu
- 1/2 tatlı kaşığı (2 ml) toz kişniş
- Tuz ve karabiber
- 8 adet ızgarada pişirilmiş dana pirzola

- Büyük bir tencereye 2 yemek kaşığı zeytinyağını koyun ve soğanı kısık ateşte 3 dakika kavurun.
- Kalan malzemeleri 2 yemek kaşığı zeytinyağı ile birlikte ilave edin ve iyice karıştırın. Tencerenin ağzını yarı kapatın ve kısık ateşte 1-1.5 saat ara sıra karıştırarak pişirin.
- Sosu buzdolabında 10-12 saat bekletin ve pirzolaların üzerinde servis yapın.

Not: Domatesleri 30 saniye kaynar suya batırarak daha kolay bir şekilde soyabilirsiniz.

Sebzeli dana eti
4 kişilik

Malzemeler

- 2 yemek kaşığı (30 ml) sızma zeytinyağı
- 2 adet orta boy soğan, ince doğranmış
- 1/2 adet yeşil dolmalık biber, şeritler halinde kesilmiş
- 1 adet kabak, ince dilimlenmiş
- 1/3 adet karnıbahar, küçük parçalara ayrılmış
- 1 su bardağı (250 ml) ince kıyılmış mantar
- 450 gr. dana antrikot, yağı alınmış ve 2.5 cm uzunluğunda parçalar halinde kesilmiş
- 5 su bardağı (1.25 L) kıyılmış domates
- 2 diş sarımsak, soyulmuş ve ezilmiş
- 3 yemek kaşığı (45 ml) kırmızı şarap sirkesi
- 2 yemek kaşığı (30 ml) hardal (tercihen Dijon hardalı)
- 1 tatlı kaşığı (5 ml) bulyon sebze suyu
- 1/2 tatlı kaşığı (2 ml) kuru kekik
- 1/2 tatlı kaşığı (2 ml) kuru fesleğen
- Tuz ve karabiber

- Zeytinyağını bir tencereye koyun ve sebzelerin hepsini kısık ateşte kısaca kavurun. Eti ilave edin ve 5 dakika pişirin.

- Domatesi, sarımsak, sirke, hardal ve bulyon sebze suyu ile birlikte katın. Baharatlar, tuz ve karabiberle tatlandırın. İyice karıştırın ve kısık ateşte takriben 30 dakika pişirin.

Beyaz şarapta pişmiş dana şnitzel
4 kişilik

Malzemeler

- Sızma zeytinyağı
- 675 gr. dana şnitzel
- 1 adet orta boy soğan, kıyılmış
- 2 büyük diş sarımsak, soyulmuş ve ezilmiş
- 1 1/2 su bardağı (375 ml) kıyılmış mantar
- 2 yemek kaşığı (30 ml) taze sıkılmış yeşil limon suyu
- 2 tatlı kaşığı (10 ml) soya sosu
- 2 tatlı kaşığı (10 ml) balsamik sirke
- 1/2 su bardağı (50 ml) sek beyaz şarap
- Tuz ve karabiber

- Büyük bir tavada az miktarda zeytinyağını ısıtıp, şnitzellerin her iki tarafını 2-3 dakika, renkleri dönene kadar pişirin. Başka bir tabakta saklayın.
- Aynı tavaya 3 yemek kaşığı zeytinyağı ilave edip soğan, sarımsak ve mantarları kısık ateşte 5 dakika pişirin. Yeşil limon suyu, soya sosu ve sirkeyi ilave edin ve 2-3 dakika daha pişirin.
- Tavaya şarap ve etleri koyun. Tuz, karabiberle tatlandırın ve iyice karıştırın. Ağzı kapalı olarak kısık ateşte 3 dakika pişirin.

Lazanya
4-6 kişilik

Malzemeler

- 9 adet kepekli lazanya hamuru
- 5 su bardağı (1.25 L) kıymalı sos (tarif için 59. sayfaya bakın)
- 2 su bardağı (500 ml) brokoli, küçük parçalara bölünmüş
- 2 su bardağı (500 ml) karnıbahar, küçük parçalara bölünmüş
- 1 adet orta boy kabak, ince dilimlenmiş
- 100 gr. taze ıspanak, yıkanmış, yaprakları ayıklanmış ve süzülmüş
- 2 su bardağı (500 ml) rendelenmiş Gravyer peyniri

- Lazanya hamurunu kaynar tuzlu suda 10 dakika pişirip, süzün.
- Fırını 180 dereceye kadar ısıtın.
- Büyük bir fırın kabına 3 adet lazanya hamurunu yayın. Hamurun üzerine kıymalı sos ve sebzelerin yarısını koyun.
- 3 adet lazanya hamuru, kalan sos ve sebzelerle ikince bir kat oluşturup en üste kalan lazanya hamurlarını yayın. Lazanyanın üzerine peyniri serpiştirin.
- Fırında takriben 45 dakika pişirin.

Kıymalı ekmek
4-6 kişilik

Malzemeler

- 900 gr. dana kıyma
- 2 adet büyük boy yumurta, çırpılmış
- 1 1/2 su bardağı (300 ml) domates suyu
- 1/2 su bardağı (175 ml) kıyılmış yulaf
- 1/2 su bardağı (50 ml) kıyılmış buğday
- 1 tutam taze çekilmiş karabiber
- 1 tutam kuru adaçayı
- 1 tutam kuru fesleğen
- 1/2 su bardağı (50 ml) ince kıyılmış soğan

- Fırını 180 dereceye kadar ısıtın.
- Bir kâsede kıymayı, yumurta ve domates suyuyla karıştırın.
- Yulaf ve buğdayı, soğan ve baharatlarla ilave edip iyice karıştırın.
- Karışımı bir ekmek kalıbına yerleştirin. Fırında 1-1.5 saat pişirin.

Öneri

Domatesli dip veya ızgara kırmızı biber sosu ile birlikte servis yapın (tarifler için 45-46. sayfalara bakın).

Endülüs usulü kırmızı biber
4 kişilik

Malzemeler

- Sızma zeytinyağı
- 450 gr. yağsız dana kıyma
- 3 yemek kaşığı (45 ml) soya sosu
- 1 yemek kaşığı (15 ml) balsamik sirke
- 4 adet kırmızı biber, şeritler halinde kesilmiş
- 1 küçük diş sarımsak, soyulmuş ve ezilmiş
- 2 yemek kaşığı (30 ml) taze sıkılmış yeşil limon suyu
- 1/2 tatlı kaşığı (1 ml) kuru kekik
- 1/2 tatlı kaşığı (1 ml) köri
- 1 tutam soğan tozu
- Karabiber
- 350 gr. dondurulmuş bezelye

- Yapışmaz bir tavada kıymayı kavurun. Kavurmanın yarısında soya sosunun üçte birini ve balsamik sirkeyi ilave edin. Bir kenarda saklayın.
- 1/2 su bardağı zeytinyağını bir tencereye koyun ve kırmızı biberleri orta ateşte 3 dakika pişirin. Sarımsağı, yeşil limon suyunun yarısı ve kalan soya sosuyla birlikte ilave edin. Baharatları katın ve sebzeler yumuşayana kadar pişirin.
- Kıyma, bezelye, kalan yeşil limon suyu ve 2 yemek kaşığı zeytinyağını ilave edip iyice karıştırın. Ağzını kapatın ve orta ateşte 20-25 dakika ara sıra karıştırarak pişirin.

Biber dolması
4 kişilik

Malzemeler

- 8 adet orta boy yeşil dolmalık biber
- 3 yemek kaşığı (45 ml) sızma zeytinyağı
- 10 adet taze soğan, kıyılmış
- 2 su bardağı (500 ml) kıyılmış mantar
- 1 su bardağı (250 ml) kıyılmış kereviz
- 450 gr. yağsız dana kıyma
- 2 diş sarımsak, soyulmuş ve ezilmiş
- 1/2 tatlı kaşığı (2 ml) kuru kekik
- 1/2 tatlı kaşığı (2 ml) kuru fesleğen
- 4 adet orta boy olgun domates, küp küp doğranmış
- 1 tatlı kaşığı (5 ml) bulyon sebze suyu
- 1/3 su bardağı (75 ml) sıcak su
- Tuz ve karabiber
- 1/2 su bardağı (175 ml) haşlanmış soyulmuş arpa (pişme yöntemi için 195. sayfaya bakın)
- 1/2 su bardağı (175 ml) rendelenmiş Parmesan peyniri
- 1 su bardağı (250 ml) rendelenmiş az yağlı Mozzarella peyniri

- Biberleri uzunlamasına ikiye bölün, içini boşaltın ve iyice yıkayın. Kaynar suda 4 dakika haşlayın, kağıt havlu üzerinde süzün ve bir kenarda saklayın.
- Fırını 190 dereceye kadar ısıtın.
- Zeytinyağını büyük bir tavaya koyun ve taze soğan,

mantar ve kerevizi kısık ateşte 3 dakika pişirin. Kıymayı sarımsak ve baharatlarla birlikte ilave edip orta ateşte kavurun.

- Bulyon sebze suyunu sıcak suyla karıştırın ve domateslerle birlikte tavaya ilave edin. Tuz ve karabiberle tatlandırın ve iyice karıştırın. Orta ateşte takriben 8 dakika pişirin.
- Soyulmuş arpayı ilave edip karıştırın. Biberleri yarıya kadar karışımla doldurup üzerlerine Parmesan peyniri serpiştirin. Biberleri kalan içle doldurun ve en üste Mozzarella peynirini serpiştirin.
- Dolmaları bir fırın kabına dizin ve takriben 15 dakika ya da peynir kızarana kadar pişirin.

Soya filizli dana eti
4 kişilik

Malzemeler

- 2 yemek kaşığı (30 ml) sızma zeytinyağı
- 1 adet orta boy soğan, kıyılmış
- 1/2 adet pırasanın beyaz bölümü, kıyılmış
- 1/3 adet yeşil dolmalık biber, şeritler halinde kesilmiş
- 1 sap kereviz, kıyılmış
- 1/2 su bardağı (50 ml) su kestanesi, dilimlenmiş (tercihe göre)
- 450 gr. dana antrikot, yağı alınmış ve 2.5 cm uzunluğunda parçalar halinde kesilmiş
- 2 su bardağı (500 ml) ev yapımı yağı alınmış tavuk suyu
- 3 yemek kaşığı (45 ml) soya sosu
- 5 su bardağı (1.25 L) soya filizi

- Zeytinyağını büyük bir tencereye koyun ve soğan, pırasa, biber, kereviz ve su kestanesini hafif ateşte sebzelerin rengi dönene kadar kavurun. Dana etini ilave edip 5 dakika pişirin.
- Tavuk suyunu, soya sosuyla birlikte katıp iyice karıştırın. Bir taşım kaynatın ve kısık ateşte 10 dakika pişirin.
- Soya filizini ilave edin ve tencerenin ağzını kapatın. Ara sıra karıştırarak 5 dakika pişirin.

Güney Amerikan usulü türlü
4 kişilik

Malzemeler

- 3 yemek kaşığı (45 ml) sızma zeytinyağı
- 450 gr. kuşbaşı dana eti
- 2 diş sarımsak, soyulmuş ve ezilmiş
- 2 1/2 su bardağı (625 ml) ev yapımı yağı alınmış tavuk suyu
- 12 adet arpacık soğan, soyulmuş
- 1 yemek kaşığı (15 ml) küçük doğranmış taze zencefil
- 2 tatlı kaşığı (10 ml) köri
- 1 tatlı kaşığı (5 ml) fesleğenli pesto sosu
- 1 tatlı kaşığı (5 ml) toz kişniş
- 1 tutam toz tatlı kırmızı biber
- 3 yemek kaşığı (45 ml) sek beyaz şarap
- 1 adet yeşil dolmalık biber, iri doğranmış
- 1 adet kırmızı biber, iri doğranmış
- 1 adet kabak, dilimlenmiş
- 1/2 adet orta boy patlıcan, iri doğranmış
- 1 su bardağı (250 ml) ikiye kesilmiş taze fasulye
- Tuz ve karabiber
- 2 yemek kaşığı (30 ml) krema

- Zeytinyağını bir tencerede ısıtın ve orta ateşte eti sarımsakla birlikte her tarafı kahverengileşinceye kadar kavurun.

- Tavuk suyunu, soğan ve baharatlarla birlikte ilave edin.

Karıştırın, ağzını kapatın ve kısık ateşte takriben 75 dakika pişirin. Gerekirse pişme süresi boyunca biraz tavuk suyuyla ıslatın.

- Şarap ve sebzeleri ilave edin. Tuz ve karabiberle tatlandırın ve iyice karıştırın. Ağzı kapalı olarak 15-20 dakika daha pişirin.
- Kremayı katın, karıştırın ve servis yapın.

TAVUK VE HİNDİ YEMEKLERİ

Uzak Doğu usulü tavuk şiş
4 kişilik

Malzemeler
- 675 gr. tavuk göğüs eti, kemiği ve yağı alınmış
- 4 adet orta boy soğan, dörde bölünmüş
- 2 adet orta boy kırmızı biber, iri doğranmış
- 2 sap Çin lahanası, iri doğranmış

Eti marine etmek için sos
- 1/2 su bardağı (125 ml) sızma zeytinyağı
- 1 1/2 yemek kaşığı (22 ml) soya sosu
- 2 tatlı kaşığı (10 ml) balsamik sirke
- 1 büyük diş sarımsak, soyulmuş ve ezilmiş
- 1 tatlı kaşığı (5 ml) kuru kekik

- Bir kâsede eti marine etmek için kullanılacak sosun malzemelerini yumurta çırpma teliyle karıştırın.
- Tavuk etini 2.5 cm^2 parçalar halinde kesip, sos ile iyice karıştırın. Buzdolabında ağzı kapalı olarak takriben 3 saat saklayın.
- Fırının ızgarasını ısıtın.
- Tavuk eti ve sebzeleri sırayla şişlere geçirin.
- Şişleri sığ bir fırın kabına yerleştirin. Izgaranın altında ara sıra çevirip üzerlerine sostan sürerek 15 dakika pişirin.

Marine edilmiş hindi şnitzel
4 kişilik

Malzemeler

- 1/3 su bardağı (75 ml) krema
- 1/2 su bardağı (50 ml) ev yapımı yağı alınmış tavuk suyu
- 1/2 su bardağı (50 ml) taze sıkılmış yeşil limon suyu
- 3 yemek kaşığı (45 ml) sızma zeytinyağı
- 2 büyük diş sarımsak, soyulmuş ve kıyılmış
- 2 tatlı kaşığı (10 ml) hardal (tercihen Dijon hardalı)
- 1 yemek kaşığı (15 ml) ince kıyılmış taze soğan
- 1 tatlı kaşığı (5 ml) kuru kekik
- 1 tatlı kaşığı (5 ml) kuru fesleğen
- 1 tatlı kaşığı (5 ml) kuru tarhun
- Tuz ve karabiber
- 675 gr. hindi şnitzel

- Hindi hariç tüm malzemeleri bir kâsede yumurta çırpma teliyle karıştırın. Hindiyi ilave edip iyice karıştırın. Buzdolabında takriben 2 saat dinlendirin.
- Büyük bir tavayı orta ateşte ısıtıp, hindilerin her iki taraflarını 2-3 dakika pişirin ve servis yapın.

Musakka
3-4 kişilik

Malzemeler

- 1 adet orta boy patlıcan, enine 1 cm kalınlığında dilimlenmiş
- 2 yemek kaşığı (30 ml) sızma zeytinyağı
- 1 adet orta boy soğan, doğranmış
- 1/2 su bardağı (175 ml) hindi kıyma
- 2 tatlı kaşığı (10 ml) domates salçası
- 1 tatlı kaşığı (5 ml) kuru kekik
- 1/2 tatlı kaşığı (2 ml) taze çekilmiş karabiber
- 1/2 tatlı kaşığı (1 ml) toz tarçın
- 1 tatlı kaşığı (5 ml) tuz
- 1/2 su bardağı (175 ml) süt
- 1 adet büyük boy yumurta
- 2 yemek kaşığı (30 ml) rendelenmiş Parmesan peyniri

- Fırını 220 dereceye kadar ısıtın.
- Patlıcan dilimlerinin üzerine zeytinyağını sürüp bir fırın tepsisine dizin. Fırında patlıcanları 30 dakika pişirin. Pişme süresinin yarısında dilimleri çevirin.
- Bu arada bir miktar zeytinyağını yapışmaz bir tavada ısıtın ve soğanları 5 dakika ya da soğanlar yumuşayana kadar kavurun.
- Hindi kıymayı ilave edin ve tahta kaşıkla ezerek etin rengi dönene kadar kavurun. Domates salçası ve baharatları ilave edin ve iyice karıştırın.

- Patlıcanların üçte birini bir fırın kabına dizin ve üzerlerine kıymalı karışımın yarısını yayın. Aynı şekilde bir kat daha oluşturun ve en üste kalan patlıcanları dizin.
- Bir kâsede yumurta ve sütü çırpın ve patlıcanların üzerine dökün. En üste peyniri serpiştirip, oda sıcaklığında 30 dakika dinlendirin.
- 220 dereceye ısınmış fırında takriben 30 dakika ya da yemeğin üstü kızarana kadar pişirin.

Vişne soslu hindi göğsü
4 kişilik

Malzemeler

- 1 su bardağı (250 ml) vişne (dondurulmuş)
- 1/2 su bardağı (50 ml) toz tatlandırıcı (Aspartam)
- 2 yemek kaşığı (30 ml) sızma zeytinyağı
- 675 gr. hindi göğüs eti, kemiği ve yağı alınmış

- Vişneyi tatlandırıcıyla birlikte bir tencereye koyup iyice karıştırın. Bir taşım kaynatın ve 15 dakika kısık ateşte pişirin.
- Zeytinyağını büyük bir tavada ısıtın ve hindi göğüs etlerinin her iki tarafını orta ateşte 5-6 dakika ya da delindiklerinde pembe bir su akmayana kadar pişirin. Üzerlerine sosu döküp servis yapın.

Portakal ve zencefil soslu tavuk göğsü
4 kişilik

Malzemeler

- 1/3 su bardağı (75 ml) sızma zeytinyağı
- 2 yemek kaşığı (30 ml) taze rendelenmiş zencefil
- 2 tatlı kaşığı (10 ml) taze sıkılmış portakal suyu
- 1/2 yemek kaşığı (7 ml) portakal kabuğu rendesi
- 2 tatlı kaşığı (10 ml) krema
- 1/2 tatlı kaşığı (2 ml) kuru anason tohumu
- 675 gr. tavuk göğüs eti, kemiği ve yağı alınmış

- Tavuk hariç tüm malzemeleri bir kâsede yumurta çırpma teliyle karıştırın.
- Tavuk etini katıp iyice karıştırın. Takriben 3 saat buzdolabında bekletin.
- Büyük bir tavada tavuğun her iki tarafını orta ateşte 5-6 dakika boyunca ya da delindiğinde pembe bir su akmayana kadar pişirin.

Tavuk dolması
4 kişilik

Malzemeler

- 2 yemek kaşığı (30 ml) sızma zeytinyağı
- 1 adet küçük boy kırmızı soğan, ince kıyılmış
- 1 diş sarımsak, soyulmuş ve ezilmiş
- 1 su bardağı (250 ml) kıyılmış mantar
- 1/2 su bardağı (50 ml) sek beyaz şarap
- 1/2 su bardağı (50 ml) kibrit şeklinde kesilmiş kabak
- 1/2 adet kırmızı biber, kıyılmış
- 1/2 su bardağı (125 ml) ince kıyılmış maydanoz
- 4 adet tavuk göğsü, kemik ve yağı alınmış
- 1 1/2 yemek kaşığı (22 ml) hardal (tercihen Dijon hardalı)
- 1/2 tatlı kaşığı (2 ml) tuz
- 1/2 tatlı kaşığı (1 ml) taze çekilmiş karabiber
- 1 1/2 yemek kaşığı (22 ml) rendelenmiş Parmesan peyniri
- 4 adet orta boy domates, çekirdekleri ayıklanmış ve kıyılmış
- 1 tatlı kaşığı (5 ml) toz tatlı kırmızı biber

- Bir tavada soğan ve sarımsağı zeytinyağında 1 dakika kavurun. Mantarları ilave edip, yumuşayana kadar pişirin.

- Şarabı, kabak, kırmızı biber ve maydanozun yarısı ile birlikte katın ve 1-2 dakika daha pişirin.

- Tavuk göğüslerini 2 parça yağlı kağıdın arasına koyup bir tokmak veya merdane yardımıyla 0.5 cm kalınlığına gelene kadar dövün.
- Her tavuk göğüsünün üzerine takriben yarım tatlı kaşığı hardal sürün. Tuz ve karabiberle tatlandırıp, sebze karışımının dörtte bir miktarını koyun ve peynir serpiştirin. Etleri sarın ve kürdanla tutturun.
- Fırını 180 dereceye kadar ısıtın.
- Domatesi küçük bir kâsede kalan maydanoz ve toz tatlı kırmızı biberle karıştırın.
- Sarılmış tavuk etini bir fırın kabına dizin. Domatesli karışım ile süsleyip, aluminyum folyo ile kapatın. Fırında 40-45 dakika pişirin. Kürdanları çıkarıp servis yapın.

Çin usulü tavuk
3-4 kişilik

Malzemeler

- 2 yemek kaşığı (30 ml) sızma zeytinyağı
- 1 diş sarımsak, soyulmuş ve ezilmiş
- 1 yemek kaşığı (15 ml) ince kıyılmış taze zencefil
- 1 adet tavuk göğsü, şeritler halinde kesilmiş
- 1/2 su bardağı (50 n.l) soya sosu
- 1 adet orta boy soğan, iri doğranmış
- 1 su bardağı (250 ml) sultani bezelye
- 1 su bardağı (250 ml) karnıbahar, küçük parçalara bölünmüş
- 1 su bardağı (250 ml) brokoli, küçük parçalara bölünmüş
- 1/2 adet yeşil dolmalık biber, iri doğranmış
- 1/2 adet kırmızı biber, iri doğranmış
- 1/2 su bardağı (175 ml) dilimlenmiş kabak
- 1/2 tatlı kaşığı (2 ml) taze çekilmiş karabiber
- 1/2 tatlı kaşığı (2 ml) toz Çin baharatı
- 1 yemek kaşığı (15 ml) susam yağı

- Zeytinyağını bir wok veya büyük bir tavada ısıtın. Sarımsak ve zencefili 2-3 dakika kavurun.
- Tavuğu ilave edip, takriben 5 dakika kavurun. Soya sosunun yarısını katıp kavurarak tavuk parçalarının üzerinde karamelize olmasını bekleyin.
- Sebzeleri kalan soya sosu ve baharatlarla birlikte katın ve sebzeler yumuşayana kadar pişirin.
- Servis yapmadan önce susam yağını ilave edin.

Fas usulü tavuk
4 kişilik

Malzemeler

- 1/2 tatlı kaşığı (2 ml) toz tatlı kırmızı biber
- 1 tatlı kaşığı (5 ml) susam yağı
- 1 adet limonun kabuğunun rendesi
- 1 adet limonun suyu
- 3 diş sarımsak, soyulmuş ve ezilmiş
- 1/2 tatlı kaşığı (1 ml) kimyon
- 1/2 tatlı kaşığı (1 ml) tarçın
- 1/2 tatlı kaşığı (1 ml) taze çekilmiş karabiber
- 4 adet tavuk göğsü

- Bir kâsede tatlı kırmızı biberi, susam yağı, limon kabuğu rendesi ve suyu, sarımsak, kimyon, tarçın ve karabiberle birlikte karıştırın.
- Tavuğu ilave edip sosun tavukları iyice kaplamasını sağlayın. Buzdolabında tavukları ara sıra çevirerek 4-6 saat bekletin.
- Fırını 190 dereceye kadar ısıtın.
- Bir fırın tepsisini folyo ile kaplayın ve tavukları tepsiye dizin. Sosu tavukların üzerine dökün.
- Fırında 20-25 dakika pişirin. Pişme süresi boyunce sosu 1-2 kez tavukların üzerine sürün.

Hardal ve limonlu tavuk
4 kişilik

Malzemeler

- 1 adet limonun suyu
- 1 adet limonun kabuğunun rendesi
- 1 yemek kaşığı (15 ml) hardal (tercihen Dijon hardalı)
- 2 diş sarımsak, soyulmuş ve ezilmiş
- 1/2 tatlı kaşığı (2 ml) kuru kekik
- 4 adet tavuk göğsü
- 2 yemek kaşığı sızma zeytinyağı

- Limon suyunu ve kabuğunun rendesini bir tabağa koyun. Hardal, sarımsak ve kekiği ilave edip iyice karıştırın. Tavukları tabağa koyup sosun içinde çevirin.
- Buzdolabında en az 2 saat bekletin.
- Zeytinyağını bir tavada orta ateşte ısıtın ve tavukların her iki tarafını 4-5 dakika veya delindiklerinde pembe bir su akmayana kadar pişirin.

BALIK VE DENİZ MAHSÜLLERİ

Fransız usulü balık çorbası
6 kişilik

Malzemeler

- 2 yemek kaşığı (30 ml) sızma zeytinyağı
- 1 adet orta boy soğan, küçük doğranmış
- 1 adet pırasanın beyaz bölümü, kıyılmış
- 1/2 adet rezene, kıyılmış
- 2 diş sarımsak, soyulmuş ve ezilmiş
- 1 su bardağı (250 ml) dörde bölünmüş mantar
- 1 su bardağı (250 ml) küçük doğranmış taze fasulye
- 4 adet orta boy domates, soyulmuş ve iri doğranmış
- 5 sap maydanoz
- 1 yemek kaşığı (15 ml) portakal kabuğu rendesi
- 5 su bardağı (1.25 L) sebze suyu (tarif için 90. sayfaya bakın)
- Tuz ve karabiber
- 225 gr. beyaz balık eti, büyük doğranmış
- 225 gr. orta boy karides, soyulmuş
- 225 gr. orta boy deniz tarağı
- İnce kıyılmış maydanoz (tercihe göre)

- Zeytinyağını bir tencerede ısıtın ve soğan, pırasa, rezene ve sarımsağı orta ateşte 10 dakika kavurun.
- Mantarları, fasulye, domates, maydanoz sapları, portakal kabuğu rendesi ve sebze suyu ile birlikte ilave edip tuz, karabiberle tatlandırın.
- Bir taşım kaynatın ve balığı ilave edin. Ağzı kapalı olarak kısık ateşte 5 dakika pişirin.

- Karides ve deniz tarağını katıp 5 dakika daha pişirin.

Not: Domatesleri 30 saniye kaynar suya batırarak daha kolay bir şekilde soyabilirsiniz.

Şişte deniz mahsülleri
4 kişilik

Malzemeler

- 12 adet büyük boy karides, soyulmuş ve bağırsakları ayıklanmış
- 12 adet büyük boy deniz tarağı
- 12 adet arpacık soğan
- 12 adet çeri domates
- 1 adet yeşil dolmalık biber, iri doğranmış

Marine etmek için sos

- 1/2 su bardağı (175 ml) sızma zeytinyağı
- 2 yemek kaşığı (30 ml) taze sıkılmış limon suyu
- 1 yemek kaşığı (15 ml) taze sıkılmış yeşil limon suyu
- 1 büyük diş sarımsak, soyulmuş ve ezilmiş
- Tuz ve karabiber
- 2 yemek kaşığı (30 ml) ince kıyılmış taze zencefil
- 1 yemek kaşığı (15 ml) ince kıyılmış dereotu

- Deniz mahsüllerini marine etmek için hazırlanacak sosun malzemelerini bir kâsede karıştırın. Sosun dörtte birini pişme süresinde kullanmak üzere ayırın. Karides ve deniz taraklarını sosa yatırın ve buzdolabında takriben 45 dakika bekletin.

- Soğanları hafif tuzlu suda yumuşayana kadar haşlayın.

- Fırını 230 dereceye kadar ısıtın.

- Karides, deniz tarakları ve sebzeleri sırayla metal şişlere geçirin. Ayırdığınız sosu soğan, domates ve biberlerin üzerine sürün.
- Şişleri fırında takriben 10 dakika pişirin. Pişme süresinin yarısında şişleri çevirin ve sosu tekrardan sürün.

Karabiberli karides
2 kişilik

Malzemeler

- 2 yemek kaşığı (30 ml) susam yağı
- 2 tatlı kaşığı (10 ml) ince kıyılmış taze zencefil
- 2 tatlı kaşığı (10 ml) taze çekilmiş karabiber
- 1 yemek kaşığı (15 ml) soya sosu
- 1/2 adet portakalın kabuğunun rendesi
- 2 yemek kaşığı (30 ml) sızma zeytinyağı
- 10 adet büyük boy karides, soyulmuş ve bağırsakları ayıklanmış
- 10 adet büyük boy deniz tarağı

- Susam yağını, zencefil, karabiber, soya sosu ve portakal kabuğu rendesiyle karıştırın. Karides ve deniz taraklarını sosa yatırın ve buzdolabında en az 30 dakika bekletin.
- Zeytinyağını yapışmaz bir tavaya koyun ve karides ve deniz taraklarını orta-büyük ateşte 3-4 dakika pişirin.

Somon kroket
4 kişilik

Malzemeler

- 200 gr. pişmiş somon
- 1 adet büyük boy yumurta, çırpılmış
- 2 yemek kaşığı (30 ml) rendelenmiş Parmesan peyniri
- 1 adet büyük boy taze soğan, kıyılmış
- 1/3 su bardağı (75 ml) ince kıyılmış maydanoz
- 1/8 tatlı kaşığı (0.5 ml) taze çekilmiş karabiber
- 2 yemek kaşığı (30 ml) sızma zeytinyağı

- Somonu, yumurta, peynir, taze soğan, maydanoz ve karabiberle birlikte bir kâsede karıştırın. Karışımdan 4 kroket hazırlayın.
- Zeytinyağını büyük bir tavada orta ateşte ısıtın. Kroketleri ilave edin ve her taraflarını 4-5 dakika ya da kroketler ısınana kadar pişirin.

Tranş somon
4 kişilik

Malzemeler

- 1/2 su bardağı (125 ml) sek beyaz şarap
- 1/2 su bardağı (50 ml) taze sıkılmış limon suyu
- 2 tatlı kaşığı (10 ml) sızma zeytinyağı
- 2 büyük diş sarımsak, soyulmuş ve ezilmiş
- 1/2 tatlı kaşığı (2 ml) kuru kekik
- 1/2 tatlı kaşığı (2 ml) kuru tarhun
- Tuz ve karabiber
- 4 tranş somon

- Somon hariç tüm malzemeyi bir kâsede karıştırın. Somonları sosa yatırıp çevirin. Buzdolabında takriben 1 saat bekletin
- Fırının ızgarasını ısıtın.
- Somonları bir fırın tepsisine dizin ve her iki taraflarını ızgaranın altında takriben beşer dakika ya da balıklar şeffaflıklarını yitirene kadar pişirin.

Maydanoz soslu tranş somon
4 kişilik

Malzemeler

- 4 tranş somon
- 2 tatlı kaşığı (10 ml) taze sıkılmış limon suyu
- Karabiber

Maydanoz sosu

- 1 su bardağı (250 ml) lor peyniri
- 1/2 su bardağı (50 ml) yoğurt
- 1/2 su bardağı (125 ml) ince kıyılmış maydanoz
- 1 yemek kaşığı (15 ml) ince kıyılmış taze soğan
- 2 tatlı kaşığı (10 ml) rendelenmiş Parmesan peyniri

- Sosun malzemelerini mikserde püre haline getirin ve saklayın.
- Fırının ızgarasını ısıtın.
- Somonları bir fırın tepsisine dizin. Üzerlerine limon suyu ve karabiber serpiştirin.
- Izgaranın altında her iki taraflarını takriben beşer dakika ya da balıklar şeffaflıklarını yitirene kadar pişirin.
- Somonların üzerine maydanozlu sosu dökün ve servis yapın.

Kaşarlı levrek fileto
4 kişilik

Malzemeler

- 1/2 su bardağı (125 ml) rendelenmiş taze kaşar
- Taze çekilmiş karabiber (tercihe göre)
- 1 tatlı kaşığı (5 ml) kıyılmış sarımsak, kurutulmuş
- 4 adet levrek fileto
- 2 yemek kaşığı (30 ml) sızma zeytinyağı
- 1 adet limonun suyu

- Balıkları pane etmek için peyniri karabiber ve sarımsakla bir tabakta karıştırın.
- Filetoları tabağa yatırıp çevirin. Peynirle iyice kaplanmaları sağlayın.
- Zeytinyağını bir tavada ısıtın ve filetoların her iki taraflarını orta ateşte 3-4 dakika pişirin. Limon suyu ile birlikte servis yapın.

Balık dolması
4 kişilik

Malzemeler

- 1 yemek kaşığı (15 ml) sızma zeytinyağı
- 1/2 su bardağı (50 ml) küp küp doğranmış kereviz
- 2 orta boy kırmızı soğan, küçük doğranmış
- 2 diş sarımsak, soyulmuş ve ezilmiş
- 1/2 su bardağı (125 ml) sıcak salsa (tarif için 58. sayfaya bakın)
- 1/2 tatlı kaşığı (1 ml) tuz
- 1 tutam taze çekilmiş karabiber
- 4 adet dil fileto
- 2 yemek kaşığı (30 ml) sek beyaz şarap
- 2 yemek kaşığı (30 ml) su

- Yapışmaz bir tavada zeytinyağını ısıtın ve kereviz, soğan ve sarımsağı 5 dakika ya da sebzeler yumuşayana kadar kavurun.
- Salsayı ilave edip, tuz, karabiberle tatlandırın. İyice karıştırıp saklayın.
- Fırını 200 dereceye kadar ısıtın.
- 2 dil filetoyu sığ bir fırın kabına koyun. Hazırladığınız sosu balıklara bölüştürüp üzerlerine sürün. Sosun üzerine kalan filetoları yerleştirin.
- Balığın üzerine şarabı serpiştirip, suyu fırın kabının içine dökün. Balığı aluminyum folyo ile kaplayın ve fırında 12-15 dakika ya da balıklar şeffaflıklarını yitirene kadar pişirin.

Beyaz şarap soslu dil balığı
4 kişilik

Malzemeler

- 1 adet orta boy soğan, küçük doğranmış
- 1/2 su bardağı (125 ml) sek beyaz şarap
- 1/2 su bardağı (125 ml) su
- 1/2 su bardağı (50 ml) kıyılmış domates
- 4 adet dil fileto
- 1/2 su bardağı (50 ml) krema
- 1 tutam toz kırmızı biber
- Tuz ve karabiber

- Büyük bir tavada soğanı, şarap, su ve domateslerle karıştırın. Tavanın içine balıkları yatırın ve ağzını kapatın. Bir taşım kaynatın ve orta ateşte 8-10 dakika ya da balıkların eti kolaylıkla ayrılmaya başlayana kadar pişirin.
- Filetoları delikli kepçeyle çıkarın ve sıcak tutun.
- Tavaya kremayı sürekli karıştırarak ilave edin. Tuz, karabiber ve kırmızı biberle tatlandırıp 2-3 dakika daha pişirin.
- Filetoların üzerine sosu döküp servis yapın.

Krema soslu alabalık fileto
4 kişilik

Malzemeler

- 1/2 su bardağı (125 ml) krema
- 2 tatlı kaşığı (10 ml) taze sıkılmış limon suyu
- 1/2 su bardağı (50 ml) yoğurt
- 2 yemek kaşığı (30 ml) ince kıyılmış kırmızı soğan
- 2 yemek kaşığı (30 ml) ince kıyılmış taze soğan
- 1 tatlı kaşığı (5 ml) ince kıyılmış dereotu
- Sızma zeytinyağı
- 4 adet alabalık fileto
- Tuz ve karabiber

- Fırını 220 dereceye kadar ısıtın.
- Bir kâsede kremayı, limon suyu, yoğurt, kırmızı soğan, taze soğan ve dereotu ile birlikte karıştırın.
- Bir fırın kabını az miktarda zeytinyağı ile yağlayın. Filetoları kaba dizip, tuz, karabiberle tatlandırın. Üzerlerine kremalı sosu dökün.
- Kabı fırına koyup balıkları 12 dakika pişirin. Bu sürenin sonunda kabın ağzını aluminyum folyo ile kapatın ve 5 dakika daha ya da balıklar şeffaflıklarını yitirene kadar pişirin.

Akdeniz usulü levrek
3-4 kişilik

Malzemeler

- 450 gr. levrek fileto
- 1 yemek kaşığı (15 ml) sızma zeytinyağı
- 1 yemek kaşığı (15 ml) kıyılmış taze soğan
- 1 diş sarımsak, soyulmuş ve ezilmiş
- 1/2 su bardağı (125 ml) kabak, uzunlamasına ikiye kesilip dilimlenmiş
- 1 yemek kaşığı (15 ml) sek beyaz şarap
- 1/2 su bardağı (175 ml) kıyılmış domates
- 1 tatlı kaşığı (5 ml) ince kıyılmış taze fesleğen
- 1/2 su bardağı (50 ml) kıyılmış siyah zeytin
- 1/2 tatlı kaşığı (1 ml) taze çekilmiş karabiber

- Bir tencere dolusu suyu bir taşım kaynatın. İçine balık filetolarını koyun ve ağzı kapalı olarak 5 dakika ya da balıkların eti kolaylıkla ayrılmaya başlayana kadar pişirin. Filetoları delikli kepçeyle sudan çıkarıp süzün ve sıcak tutun.
- Küçük bir tencerede zeytinyağını ısıtın ve taze soğan, sarımsak ve kabağı orta ateşte 2 dakika kavurun.
- Beyaz şarap, domates ve fesleğeni ilave edin. Kısık ateşte ara sıra karıştırarak takriben 3 dakika pişirin.
- Zeytinleri katın. Karabiberle tatlandırın ve iyice karıştırın. Balıkların üzerine sosu dökün ve servis yapın.

Folyoda balık
4 kişilik

Malzemeler

- 450 gr. balık fileto
- 4 su bardağı (1 L) Uzak Doğu sebzeleri, dondurulmuş ve çözülmüş
- 1/2 su bardağı (50 ml) taze portakal suyu
- 1/2 su bardağı (50 ml) soya sosu
- 1 diş sarımsak, soyulmuş ve ezilmiş
- 1 tatlı kaşığı (5 ml) ince doğranmış taze zencefil

- Balıkları 4 adet 40 cm^2 ebadında aluminyum folyo üzerine koyun.
- Balıkların üzerine Uzak Doğu sebzelerini bölüştürün.
- Küçük bir kâsede portakal suyu, soya sosu, sarımsak ve zencefili yumurta çırpma teliyle karıştırın.
- Sosu eşit bir şekilde sebzelerin üzerine dökün. Folyoyu içinden buhar çıkmayacak şekilde sıkıca katlayın.
- Paketleri bir fırın tepsisine yerleştirin. Fırında 15-20 dakika ya da balıklar şeffaflıklarını yitirene ve sebzeler yumuşayana kadar pişirin.

Baharatlı karides sote
4-6 kişilik

Malzemeler

- 1/2 tatlı kaşığı (2 ml) toz tatlı kırmızı biber
- 1/2 tatlı kaşığı (1 ml) kimyon
- 1/2 tatlı kaşığı (2 ml) hardal tozu
- 1/2 tatlı kaşığı (2 ml) kuru fesleğen
- 1 tutam pul kırmızı biber
- 1 tutam toz acı kırmızı biber
- 1 yemek kaşığı (15 ml) sızma zeytinyağı
- 450 gr. büyük boy karides, soyulmuş ve bağırsakları ayıklanmış
- 1 adet yeşil limonun suyu
- 1 adet yeşil limonun kabuğunun rendesi

- Tüm baharatları büyük bir kâsede iyice karıştırın. Karidesleri karışımın içinde çevirin.
- Yapışmaz bir tavada zeytinyağını ısıtın. Karidesleri ilave edip orta-yüksek ateşte 1 dakika pişirin. Yeşil limonun suyunu ve kabuğunun rendesini ilave edin. Karidesler pembeleşene kadar 2-3 dakika daha pişirin.

Provans usulü ton balığı
2 kişilik

Malzemeler

- 1 yemek kaşığı (15 ml) sızma zeytinyağı
- 1 adet orta boy soğan, küçük doğranmış
- 1 sap kereviz, kıyılmış
- 2 diş sarımsak, soyulmuş ve ezilmiş
- 1/2 su bardağı (175 ml) ev yapımı yağı alınmış tavuk suyu veya su
- 1 su bardağı (250 ml) kıyılmış domates
- 1/2 adet limonun kabuğunun rendesi
- 1 adet defne yaprağı
- 1/2 tatlı kaşığı (2 ml) kuru fesleğen
- 1/2 tatlı kaşığı (2 ml) kuru kekik
- Karabiber
- 170 gr konserve ton balığı

- Zeytinyağını bir tavada ısıtın ve soğan, kereviz ve sarımsağı 5 dakika kavurun.
- Tavuk suyu veya suyu, domates, limon kabuğu rendesi ve baharatlarla birlikte ilave edin. Bir taşım kaynatın ve ağzı kapalı olarak 15-20 dakika kısık ateşte pişirin.
- Ton balığını katın ve 1 dakika daha pişirin.

YUMURTALI YEMEKLER

Fırında kabak
2 kişilik

Malzemeler

- 2 yemek kaşığı (30 ml) sızma zeytinyağı
- 1 su bardağı (250 ml) dilimlenmiş kabak
- 1/2 su bardağı (50 ml) dilimlenmiş soğan
- 1 diş sarımsak, soyulmuş ve ezilmiş
- 2 tatlı kaşığı (10 ml) ince kıyılmış taze fesleğen
- 2 yemek kaşığı (30 ml) ince kıyılmış maydanoz
- 2 adet büyük boy yumurta
- 2 yemek kaşığı (30 ml) krema
- 1/2 su bardağı (50 ml) rendelenmiş Emmenthal peyniri
- 1/2-1 yemek kaşığı (7-15 ml) toz acı kırmızı biber
- 1/2 tatlı kaşığı (1 ml) taze çekilmiş karabiber

- Zeytinyağını büyük bir tavada ısıtın ve kabakları orta-yüksek ateşte 2-3 dakika kızarana kadar pişirin.
- Soğanları ilave edin ve 2-3 dakika daha pişirin. Sarımsak, fesleğen ve maydanozu katıp iyice karıştırın. Karışımı bir fırın kabına koyun ve saklayın.
- Fırını 180 dereceye kadar ısıtın.
- Bir kâsede yumurtaları, krema ve peynirle birlikte yumurta çırpma teliyle çırpın. Kırmızı biber ve karabiberle tatlandırıp sebzelerin üzerine dökün
- Fırında 20 dakika pişirin ve servis yapın.

Sebzeli fırında omlet
4 kişilik

Malzemeler

- 2 yemek kaşığı (30 ml) sızma zeytinyağı
- 225 gr. pırasa, dilimlenmiş
- 1 adet orta boy kırmızı soğan, ince dilimlenmiş
- 1 adet kırmızı biber, kıyılmış
- 8 adet büyük boy yumurta
- 2 yemek kaşığı (30 ml) ince kıyılmış maydanoz
- Tuz ve karabiber
- 1/2 su bardağı (175 ml) siyah zeytin, çekirdekleri ayıklanmış
- 100 gr. kurutulmuş domates

- Fırını 200 dereceye kadar ısıtın.
- Fırına girebilecek büyük bir tavaya zeytinyağını koyun ve kısık ateşte ısıtın. Pırasa, soğan ve kırmızı biberi ilave edin. Ağzını kapatın ve ara sıra karıştırarak 5 dakika ya da sebzeler yumuşayana kadar pişirin.
- Bir kâsede yumurtaları maydanoz, tuz ve karabiberle çırpın. Yumurtaları tavaya dökün ve eşit bir şekilde yayın. Üstünü zeytin ve kurutulmuş domatesle süsleyin ve 3 dakika daha pişirin.
- Tavayı fırına koyun ve 8-10 dakika ya da yumurtanın üstü pişene kadar pişirin.

Jambonlu yumurta
4 kişilik

Malzemeler

- 1 yemek kaşığı (15 ml) sızma zeytinyağı
- 2/3 su bardağı (175 ml) küp küp doğranmış jambon
- 1 adet taze soğan, kıyılmış
- 1/2 adet kırmızı biber, küp küp doğranmış
- 1 diş sarımsak, soyulmuş ve ezilmiş
- 8 adet orta boy yumurta
- 1/2 su bardağı (125 ml) süt
- Tuz ve karabiber
- 1 yemek kaşığı (15 ml) ince kıyılmış maydanoz

- Zeytinyağını yapışmaz bir tavada ısıtın ve jambonu kısık ateşte kızartın. Taze soğan, kırmızı biber ve sarımsağı katıp 30 saniye kavurun.
- Bir kâsede yumurtaları sütle çırpın ve jambonun üzerine dökün. Tuz, karabiber ve maydanozla tatlandırın. Orta ateşte pişirin. Yumurtaları büyük parçalar halinde pişirmek için, tavanın altı ve kenarlarına yapışmaya başladıklarında bir spatül yardımıyla sıyırın. Pişmiş ancak yumuşak yumurta elde etmek için ara sıra karıştırın.

Brokolili omlet
4 kişilik

Malzemeler

- 2 yemek kaşığı (30 ml) sızma zeytinyağı
- 1/3 adet orta boy brokoli, küçük parçalara bölünmüş
- 3 adet taze soğan, kıyılmış
- 1 adet orta boy domates, çekirdekleri ayıklanmış ve küp küp doğranmış
- 1 büyük diş sarımsak, soyulmuş ve ezilmiş
- 6 adet büyük boy yumurta
- 1/2 su bardağı (50 ml) süt
- Tuz ve karabiber
- 2 yemek kaşığı (30 ml) ince kıyılmış maydanoz
- 1/2 su bardağı (125 ml) rendelenmiş az yağlı Cheddar peyniri
- 1/2 su bardağı (50 ml) rendelenmiş Parmesan peyniri

- Fırına girebilecek bir tavada zeytinyağını ısıtın ve brokoli, taze soğan, domates ve sarımsağı kısık ateşte 5 dakika kavurun.
- Bu arada bir kâsede yumurtaları sütle birlikte çırpın. Tuz, karabiber ve maydanozla tatlandırın.
- Fırının ızgarasını ısıtın.
- Yumurtaları sebzelerin üzerine dökün ve hızla karıştırın. Takriben 5 dakika pişirin. Üzerine peynirleri serpiştirin ve peynirler kızarana kadar ızgaranın altında pişirip servis yapın.

Meksika usulü omlet
4 kişilik

Malzemeler

- 5 adet büyük boy yumurta
- 1/2 su bardağı (125 ml) süt
- 1-2 tatlı kaşığı (5-10 ml) toz acı kırmızı biber
- Tuz ve karabiber
- 1 yemek kaşığı (15 ml) sızma zeytinyağı
- 1/2 su bardağı (125 ml) kıyılmış mantar
- 1/2 adet kırmızı biber, küp küp doğranmış
- 1 adet küçük boy domates, küp küp doğranmış
- 2 adet taze soğan, kıyılmış
- 1 küçük diş sarımsak, soyulmuş ve ezilmiş
- 1/2 su bardağı (175 ml) rendelenmiş Cheddar peyniri

- Bir kâsede yumurta ve sütü çırpın. Tuz, karabiber ve kırmızı biberle tatlandırıp saklayın.
- Fırına girebilecek bir tavada zeytinyağını ısıtın ve mantar, biber, domates, taze soğan ve sarımsağı kısık ateşte kavurun.
- Fırının ızgarasını ısıtın.
- Yumurtaları sebzelerin üzerine dökün ve hızla karıştırın. Takriben 5 dakika pişirin. Üzerine peyniri serpiştirin ve peynir kızarana kadar ızgaranın altında pişirip, servis yapın.

Yumurtalı domates dolması
4 kişilik

Malzemeler

- 8 adet orta boy domates
- 8 adet orta boy yumurta
- 1/2 su bardağı (125 ml) süt
- Tuz ve karabiber
- 1 yemek kaşığı (15 ml) sızma zeytinyağı
- 4 adet taze soğan, kıyılmış
- 1/2 adet yeşil dolmalık biber, küp küp doğranmış
- 1 büyük diş sarımsak, soyulmuş ve ezilmiş
- 2 tatlı kaşığı (10 ml) ince kıyılmış taze fesleğen

- Fırını 190 dereceye kadar ısıtın.
- Her domatesin üst kısmından bir dilim kesip küçük bir kaşık yardımıyla içlerini boşaltın. Domateslerin içine tuz serpiştirin ve kesik yüzeyleri alta gelecek şekilde kağıt havlu üzerinde 10 dakika süzülmeye bırakın.
- Domatesleri bir fırın kabına dizin ve 10 dakika pişirin. Sıcak tutun.
- Bir kâsede yumurtaları ve sütü çırpın. Tuz ve karabiberle tatlandırıp saklayın.
- Büyük bir tavada zeytinyağını ısıtın ve kalan malzemeleri kısık ateşte sebzeler yumuşayana kadar pişirin.
- Yumurtaları ilave edin ve orta ateşte pişirin. Yumurtala-

rı büyük parçalar halinde pişirmek için, tavanın altı ve kenarlarına yapışmaya başladıklarında bir spatül yardımıyla sıyırın. Pişmiş ancak yumuşak yumurta elde etmek için ara sıra karıştırın.

- Yumurtaları domateslere doldurup servis yapın.

SEBZELİ GARNİTÜRLER

Biber demeti
4 kişilik

Malzemeler

- 1/2 su bardağı (50 ml) sızma zeytinyağı
- 2 adet orta boy kırmızı biber, ince şeritler halinde kesilmiş
- 2 adet orta boy sarı dolmalık biber, ince şeritler halinde kesilmiş
- 1 küçük diş sarımsak, soyulmuş ve ezilmiş
- 2 yemek kaşığı (30 ml) soya sosu
- 1 yemek kaşığı (15 ml) taze sıkılmış yeşil limon suyu
- 1/2 tatlı kaşığı (1 ml) kuru fesleğen
- 1/2 tatlı kaşığı (1 ml) köri
- 1 tutam soğan tozu
- Karabiber

- Zeytinyağını büyük bir tavada ısıtın ve biberleri orta ateşte 5 dakika kavurun.
- Kalan malzemeleri ilave edip iyice karıştırın. Ağzını kapatın ve ara sıra karıştırarak sebzeler yumuşayana kadar pişirin.

Kabak ve biber şiş
4 kişilik

Malzemeler

- 2 yemek kaşığı (30 ml) sızma zeytinyağı
- 1 tatlı kaşığı (5 ml) toz tatlı kırmızı biber
- 1 tatlı kaşığı (5 ml) kuru fesleğen
- 1 tatlı kaşığı (5 ml) kuru kekik
- 1/2 tatlı kaşığı (2 ml) hardal tozu
- 1/2 tatlı kaşığı (2 ml) toz acı kırmızı biber
- 1/2 tatlı kaşığı (2 ml) tuz
- 1/2 tatlı kaşığı (2 ml) taze çekilmiş karabiber
- 1 adet kabak, uzunlamasına ikiye kesilip, 2.5 cm kalınlığında dilimlenmiş
- 1 küçük boy yeşil dolmalık biber, çekirdekleri ayıklanmış ve 2.5 cm küpler halinde kesilmiş
- 8 adet çeri domates

- Küçük bir kâsede zeytinyağını ve baharatları karıştırın.
- Kabak, biber ve domatesleri büyük bir kâseye koyun. Sosu sebzelerin üzerine dökün ve dikkatle karıştırın. Buzdolabında en az 1 saat bekletin.
- Fırını 180 dereceye kadar ısıtın.
- Sebzeleri sırayla metal şişlere dizin ve sığ bir fırın kabına koyun.
- Fırında en az 10 dakika ya da sebzeler yumuşayana kadar pişirin.

Dolmalık fıstıklı brokoli ve karnıbahar
3-4 kişilik

Malzemeler

- 3 yemek kaşığı (45 ml) sızma zeytinyağı
- 1 diş sarımsak, soyulmuş ve ezilmiş
- 2 su bardağı (500 ml) brokoli, küçük parçalara bölünmüş
- 1 su bardağı (250 ml) karnıbahar, küçük parçalara bölünmüş
- 2 yemek kaşığı (30 ml) sek beyaz şarap
- 2 yemek kaşığı (30 ml) krema
- 1/2 su bardağı (50 ml) fırında kavrulmuş dolmalık fıstık
- Birkaç ince dilim Parmesan

- Büyük bir tavada zeytinyağını ısıtın ve sarımsağı orta ateşte 4-5 dakika daima karıştırarak kavurun.
- Brokoli ve karnıbaharı ilave edin ve brokoliler parlak bir yeşil rengini alana kadar 2-3 dakika pişirin. Şarabı katın ve tavanın ağzını kapatın. Brokoli ve karnıbaharları yumuşamış ancak hâlâ diri olana kadar pişirin.
- Kremayı, dolmalık fıstıklarla birlikte katın ve iyice karıştırın. Parmesan ile süsleyip servis yapın.

Körili karnıbahar ve kabak
4 kişilik

Malzemeler

- 1 yemek kaşığı (15 ml) sızma zeytinyağı
- 1 adet büyük boy soğan, doğranmış
- 1 büyük diş sarımsak, soyulmuş ve ezilmiş
- 2 tatlı kaşığı (10 ml) köri
- 1 adet küçük boy karnıbahar, küçük parçalara bölünmüş
- 1 adet küçük boy kabak, ince dilimlenmiş
- 1 tatlı kaşığı (5 ml) domates püresi
- 1/2 su bardağı (125 ml) ev yapımı yağı alınmış tavuk suyu
- 1/2 su bardağı (125 ml) yoğurt
- 2 tatlı kaşığı (10 ml) ince kıyılmış maydanoz

- Zeytinyağını bir tencereye koyun ve soğanı kısık ateşte kavurun. Sarımsağı, köri ile birlikte ilave edin ve 2 dakika pişirin.
- Karnıbahar, kabak, domates püresi ve tavuk suyunu ilave edin. İyice karıştırın ve ağzı kapalı olarak kısık ateşte 8-10 dakika ya da sebzeler yumuşamış ancak hâlâ diri olana kadar pişirin.
- Yoğurt ve maydanozu katıp karıştırın ve servis yapın.

Mantar tava
4 kişilik

Malzemeler

- 1/2 su bardağı (50 ml) taze sıkılmış limon suyu
- 2 yemek kaşığı (30 ml) soya sosu
- 1 yemek kaşığı (15 ml) rendelenmiş taze zencefil
- 1 diş sarımsak, soyulmuş ve ezilmiş
- 3 su bardağı (750 ml) dörde bölünmüş mantar
- 1 yemek kaşığı (15 ml) sızma zeytinyağı

- Bir kâsede limon suyunu, soya sosu, zencefil ve sarımsakla birlikte karıştırın.
- Mantarları ilave edin ve iyice karıştırın. 30 dakika dinlendirin.
- Zeytinyağını bir tavada ısıtın ve mantarları orta ateşte yumuşayana kadar pişirin

Brüksel lahanası
4 kişilik

Malzemeler

- 200 gr. Brüksel lahanası
- 2 yemek kaşığı (30 ml) sızma zeytinyağı
- 1/2 adet küçük boy kırmızı soğan, kıyılmış
- Tuz ve karabiber
- 1 tutam rendelenmiş muskat
- 1 yemek kaşığı (15 ml) taze sıkılmış yeşil limon suyu
- 3 yemek kaşığı (45 ml) ince kıyılmış maydanoz

- Brüksel lahanalarının saplarını kesin, bozulmuş dış yapraklarını ayıklayın ve iyice yıkayın. Her lahananın köküne bir çarpraz çizin ve buharda 15 dakika pişirin.
- Zeytinyağını bir tavaya koyun ve lahanaları soğanla birlikte kısık ateşte yumuşayana kadar kavurun. Tuz, karabiber ve muskatla tatlandırın. Yeşil limon suyu ve maydanozu katıp iyice karıştırın. Hemen servis yapın.

Izgara kabak
4 kişilik

Malzemeler

- 2 yemek kaşığı (30 ml) sızma zeytinyağı
- 2 yemek kaşığı (30 ml) taze sıkılmış yeşil limon suyu
- 1/2 tatlı kaşığı (2 ml) balsamik sirke
- 2 diş sarımsak, soyulmuş ve ezilmiş
- 2-3 tatlı kaşığı (10-15 ml) fesleğenli pesto sosu
- Tuz ve karabiber
- 2 adet orta boy kabak, uzunlamasına ikiye kesilmiş

- Kabak hariç tüm malzemeleri bir yumurta çırpma teliyle iyice karıştırın ve kabakların üzerine sürün.
- Kabakları bir tavaya koyun ve ağzı kapalı olarak kısık ateşte her iki taraflarını 5'er dakika ya da kabaklar yumuşayana kadar pişirin. Kabaklar pişerken üzerlerine ara sıra sostan sürün. Izgarada pişmiş gibi güzel bir görünüm elde etmek için orta ateşte 1-2 dakika daha pişirin.

Domatesli patlıcan ograten
4 kişilik

Malzemeler

- 2 yemek kaşığı (30 ml) sızma zeytinyağı
- 8 adet patlıcan dilimi, 1 cm kalınlığında enine kesilmiş
- 8 adet olgun domates dilimi
- 2 yemek kaşığı (30 ml) fesleğenli pesto sosu
- Tuz ve karabiber
- 150 gr. taze kaşar, ince dilimlenmiş
- Yulaf ezmesi

- Patlıcan dilimlerini buharda 3 dakika pişirin ve süzün.
- Fırının ızgarasını ısıtın.
- Patlıcan dilimlerini bir fırın kabına dizin ve birer dilim domatesle süsleyin. Pesto, tuz ve biberle tatlandırın.
- Peynir dilimlerini domateslerin üzerine dizin ve en üste yulaf ezmesi serpiştirin. Takriben 4 dakika ızgaranın altında pişirin.

Kremalı sebzeler
4 kişilik

Malzemeler

- 2 yemek kaşığı (30 ml) sızma zeytinyağı
- 1/2 adet soğan, iri doğranmış
- 1/2 adet orta boy kabak, ince dilimlenmiş
- 1/3 adet orta boy brokoli, küçük parçalara bölünmüş
- 1/3 adet orta boy karnıbahar, küçük parçalara bölünmüş
- 1/3 adet kırmızı biber, şeritler halinde kesilmiş
- 1 büyük diş sarımsak, soyulmuş ve ezilmiş
- 1/2 su bardağı (50 ml) evyapımı yağı alınmış tavuk suyu
- 1/2 tatlı kaşığı (2 ml) toz kişniş
- 1/2 tatlı kaşığı (2 ml) köri
- 1/2 tatlı kaşığı (2 ml) toz zencefil
- Tuz ve karabiber
- 1/2 su bardağı (50 ml) yoğurt
- 1/2 su bardağı (50 ml) krema
- 1 tatlı kaşığı (5 ml) taze sıkılmış limon suyu
- 1 yemek kaşığı (15 ml) ince kıyılmış maydanoz

- Zeytinyağını bir tencereye koyun ve bütün sebzeleri kısık ateşte 7-8 dakika kavurun.
- Sarımsak, tavuk suyu ve baharatları ilave edin. Kısık ateşte 3 dakika ya da sebzeler yumuşamış ancak hâlâ diri olana kadar pişirin.
- Yoğurt, krema, limon suyu ve maydanozu ilave edip, iyice karıştırın. Servis yapın.

Arpacık soğanlı bezelye
4 kişilik

Malzemeler

- 10 adet arpacık soğan, soyulmuş
- 2 yemek kaşığı (30 ml) sızma zeytinyağı
- 1 büyük diş sarımsak, soyulmuş ve ezilmiş
- 350 gr. bezelye, dondurulmuş
- 1 1/2 yemek kaşığı (22 ml) soya sosu
- 1 1/2 yemek kaşığı (22 ml) taze sıkılmış yeşil limon suyu
- 1/2 tatlı kaşığı (1 ml) balsamik sirke
- 1/2 tatlı kaşığı (2 ml) kuru kekik
- Tuz ve karabiber

- Soğanları hafif tuzlu suda yumuşayana kadar haşlayın.
- Zeytinyağını bir tencereye koyun ve soğanları sarımsakla birlikte kısık ateşte 3 dakika kavurun.
- Bezelye ve kalan malzemeleri ilave edin. İyice karıştırın ve ağzını kapatın. Orta ateşte ara sıra karıştırarak 8 dakika pişirin.

Türlü
4 kişilik

Malzemeler

- 2 yemek kaşığı (30 ml) sızma zeytinyağı
- 10 adet arpacık soğan, soyulmuş
- 1 1/2 su bardağı (375 ml) kıyılmış domates
- 1/2 su bardağı (50 ml) domates suyu
- 1 adet orta boy patlıcan, iri doğranmış
- 1 adet orta boy kabak, iri doğranmış
- 1/2 adet yeşil dolmalık biber, iri doğranmış
- 1/2 adet kırmızı biber, iri doğranmış
- 1 su bardağı (250 ml) taze fasulye, ikiye kesilmiş
- 1 büyük diş sarımsak, soyulmuş ve ezilmiş
- 2 yemek kaşığı (30 ml) fesleğenli pesto sosu
- 1 yemek kaşığı (15 ml) soya sosu
- 1/2 tatlı kaşığı (2 ml) kuru tarhun
- 1/2 tatlı kaşığı (2 ml) kuru fesleğen
- 1/2 tatlı kaşığı (2 ml) kuru kekik
- Tuz ve karabiber

- Zeytinyağını bir tencereye koyun ve soğanı kısık ateşte 2 dakika kavurun.
- Kalan malzemeleri ilave edin ve ağzını kapatın. Kısık ateşte 20 dakika ya da sebzeler yumuşamış ancak hâlâ diri olana kadar pişirin.

KARBONHİDRATLI YEMEKLER

Nohutlu bulgur
4 kişilik

Malzemeler

- 1 su bardağı (250 ml) bulgur
- 2 su bardağı (500 ml) evyapımı yağı alınmış tavuk suyu
- 2 yemek kaşığı (30 ml) sızma zeytinyağı
- 1 adet orta boy soğan, iri doğranmış
- 2 diş sarımsak, soyulmuş ve ezilmiş
- 1 su bardağı (250 ml) brokoli, küçük parçalara bölünmüş
- 1 su bardağı (250 ml) karnıbahar, küçük parçalara bölünmüş
- 1 su bardağı (250 ml) kabak, uzunlamasına ikiye kesilmiş ve dilimlenmiş
- 1 su bardağı (250 ml) küp küp doğranmış kuru kayısı
- 2 1/2 su bardağı (625 ml) küp küp doğranmış domates
- 2 su bardağı (500 ml) kıyılmış domates
- 2 tatlı kaşığı (10 ml) kuru fesleğen
- 1 tatlı kaşığı (5 ml) kuru kekik
- 1/2 tatlı kaşığı (1 ml) kimyon
- 1/2 tatlı kaşığı (1 ml) taze çekilmiş karabiber
- 1 adet defne yaprağı
- 1 tutam toz tatlı kırmızı biber
- 1 tutam toz kişniş
- 1 tutam köri
- 1 1/2 su bardağı (375 ml) haşlanmış nohut (pişme yöntemi için 196. sayfaya bakın)

- Tavuk suyunu bir tencerede kaynatın. Bulguru ilave edin ve ağzı kapalı olarak kısık ateşte 20-25 dakika pişirin. 10 dakika ağzı kapalı olarak dinlendirin.
- Zeytinyağını bir tencereye koyun ve soğanı sarımsakla birlikte orta ateşte kavurun.
- Brokoli, karnıbahar, kabak, kuru kayısı, domates ve baharatları ilave edin. Kısık ateşte takriben 20 dakika pişirin.
- Nohutu katıp 5 dakika daha pişirin.
- Bulguru bir servis tabağına alıp üzerine sebzeli karışımı dökün ve servis yapın.

Sebzeli kırmızı kuru fasulye
4 kişilik

Malzemeler

- 1 yemek kaşığı (15 ml) sızma zeytinyağı
- 2 adet orta boy soğan, küçük doğranmış
- 1 sap kereviz, kıyılmış
- 3 diş sarımsak, soyulmuş ve ezilmiş
- 1 adet küçük boy patlıcan, soyulmuş ve küp küp doğranmış
- 1 adet kabak, küp küp doğranmış
- 5 su bardağı (1.25 L) kıyılmış domates
- 1-2 yemek kaşığı (15-30 ml) toz acı kırmızı biber
- 1 yemek kaşığı (15 ml) kimyon
- 1 yemek kaşığı (15 ml) kuru kekik
- 1 yemek kaşığı (15 ml) kuru fesleğen
- 1/2 tatlı kaşığı (2 ml) toz tatlı kırmızı biber
- 1 adet sarı dolmalık biber, küp küp doğranmış
- 1 adet yeşil domalık biber, küp küp doğranmış
- 2 su bardağı (500 ml) haşlanmış kırmızı kuru fasulye (pişme yöntemi için 196. sayfaya bakın)
- Tuz

- Zeytinyağını büyük bir tencereye koyun ve soğanı, sarımsak ve kerevizle birlikte kısık ateşte 5 dakika kavurun.
- Patlıcanı ilave edip, tencerenin ağzını kapatın. Kısık ateşte 10 dakika ara sıra karıştırarak pişirin.

- Kabak, domates ve baharatları ilave edin ve iyice karıştırın. Tencerenin ağzını yarı kapatın ve kısık ateşte 30 dakika ara sıra karıştırarak pişirin.
- Biber ve kuru fasulyeleri katın, karıştırın ve tuzla tatlandırın. Ağzı yarı kapalı olarak takriben 20 dakika daha pişirin.

Öneri

Soyulmuş arpa eşliğinde servis yapın.

Peynir ve ıspanaklı rulolar
4 kişilik

Malzemeler

- 4 adet kepekli lazanya hamuru
- 4 adet ıspanaklı kepekli lazanya hamuru
- 1 yemek kaşığı (15 ml) sızma zeytinyağı
- 1/3 adet orta boy soğan, küçük doğranmış
- 6 adet mantar, kıyılmış
- 1/3 sap kereviz, kıyılmış
- 3 1/2 su bardağı (800 ml) kıyılmış domates
- 2 diş sarımsak, soyulmuş ve ezilmiş
- 1/2 yemek kaşığı (7 ml) kuru kekik
- Tuz ve karabiber

Garnitür

- 1 adet orta boy yumurta, çırpılmış
- 3 adet orta boy yumurta, katı pişirilmiş ve küçük doğranmış
- 1/2 su bardağı (175 ml) lor peyniri
- 1/2 su bardağı (125 ml) rendelenmiş az yağlı Mozzarella veya Cheddar peyniri
- 1/2 su bardağı (125 ml) rendelenmiş Parmesan peyniri
- 2 yemek kaşığı (30 ml) ince kıyılmış maydanoz
- 1 su bardağı (250 ml) haşlanmış ve süzülmüş ıspanak

- Lazanya hamurlarını tuzlu kaynar suda 12 dakika haşlayın.

- Bu arada zeytinyağını bir tencereye koyun ve soğan, mantar ve kerevizi kısık ateşte sebzeler yumuşayana kadar pişirin. Ezilmiş domatesi, sarımsak ve baharatlarla birlikte katın. İyice karıştırın ve ağzı kapalı olarak kısık ateşte 10 dakika pişirin.
- Fırını 180 dereceye kadar ısıtın.
- Garnitür malzemelerinden ilk altısını bir kâsede karıştırın. Bu karışımı, soğuk sudan geçirip süzdüğünüz hamurların üzerine bölüştürün. Hamurların üzerine ıspanağı serin ve rulo yapın. Domates sosunun bir miktarını bir fırın kabının altını kaplayacak şekilde dökün. Hamurdan ruloları fırın kabında dizin ve üzerlerine kalan sosu dökün. Fırında 30-35 dakika pişirin. Servis yapmadan önce 5 dakika dinlendirin.

Kabak dolması
4 kişilik

Malzemeler

- 2 adet orta boy kabak
- 1 su bardağı (250 ml) haşlanmış yeşil mercimek (pişme yöntemi için 218. sayfaya bakın)
- 2 yemek kaşığı (30 ml) sızma zeytinyağı
- 1 adet orta boy soğan, küçük doğranmış
- 1 diş sarımsak, soyulmuş ve ezilmiş
- 1 adet kırmızı biber, küçük doğranmış
- 1 yemek kaşığı (15 ml) ince kıyılmış taze fesleğen
- 1 yemek kaşığı (15 ml) soya sosu
- 1 su bardağı (250 ml) rendelenmiş Emmenthal peyniri

- Kabakları uzunlamasına ikiye kesin. Çekirdeklerini bir tatlı kaşığı yardımıyla kazıyarak çıkarın.
- Bir kâsede çekirdekleri mercimeklerle karıştırın.
- Zeytinyağını bir tencereye koyun ve soğan ve sarımsağı orta ateşte 2-3 dakika kavurun. Biber, fesleğen ve soya sosunu ilave edip, 5 dakika daha pişirin. Mercimekli karışımı katın, iyice karıştırın ve 2-3 dakika pişirmeye devam edin.
- Fırını 180 dereceye kadar ısıtın.
- Kabakları hazırladığınız içle doldurun ve üzerlerine peynir serpiştirin. Fırında 10-15 dakika ya da kabaklar yumuşayana kadar pişirin.

Vejetaryen pate

Takriben 2 su bardaklık (500 ml)

Malzemeler

- 1/2 su bardağı (175 ml) yeşil mercimek
- 1 tatlı kaşığı (5 ml) sızma zeytinyağı
- 1/2 su bardağı (125 ml) kıyılmış soğan
- 1 diş sarımsak, soyulmuş ve ezilmiş
- 1 tatlı kaşığı (5 ml) kuru maya
- 1 tatlı kaşığı (5 ml) soya sosu
- 1/2 tatlı kaşığı (1 ml) toz karanfil
- 1/2 tatlı kaşığı (1 ml) toz tarçın
- 1/2 tatlı kaşığı (1 ml) toz muskat
- 2 1/2 su bardağı (550 ml) evyapımı yağı alınmış tavuk suyu veya sebze suyu

- Mercimekleri bir kahve değirmeni veya mutfak robotunda öğütün.
- Zeytinyağını bir tavada orta ateşte ısıtın. Soğanı, sarımsak, maya, soya sosu, baharat ve mercimeklerle birlikte katıp takriben 3 dakika kavurun.
- Et suyunu ilave edin ve 10 dakika daha pişirin.
- Karışımı bir kalıba döküp soğumaya bırakın.

İtalyan usulü tofu kroketleri
3-4 kişilik

Malzemeler

- 225 gr. sert tofu, ufalanmış
- 2 adet büyük boy yumurta, çırpılmış
- 1/2 su bardağı (125 ml) yulaf unu
- 1/2 su bardağı (50 ml) rendelenmiş Parmesan peyniri
- 1/2 su bardağı (50 ml) ince kıyılmış maydanoz
- 1 yemek kaşığı (15 ml) soğan tozu
- 2 tatlı kaşığı (10 ml) sarımsak tozu
- 1 tatlı kaşığı (5 ml) kuru kekik
- 1 tatlı kaşığı (5 ml) kuru fesleğen
- 1/2 tatlı kaşığı (2 ml) taze çekilmiş karabiber
- 1/2 tatlı kaşığı (2 ml) rendelenmiş muskat

- Bir kâsede yumurta hariç tüm malzemeleri iyice karıştırın. Buzdolabında en az 2 saat bekletin.
- Fırını 180 dereceye kadar ısıtın.
- Karışıma yumurtayı ilave edin ve kroket şekline sokun. Kroketleri bir fırın kabına dizin.
- Fırında 10-15 dakika kızartın.

Nohut köftesi
4 kişilik

Malzemeler

- 3 yemek kaşığı (45 ml) bulgur
- 1/3 su bardağı (75 ml) kaynar su
- 1 diş sarımsak, ikiye kesilmiş
- 1 su bardağı (250 ml) haşlanmış nohut (pişme yöntemi için 218. sayfaya bakın)
- 1/2 adet küçük boy soğan, iri doğranmış
- 1/2 su bardağı (125 ml) küp küp doğranmış kepekli ekmek
- 2 yemek kaşığı (30 ml) taze sıkılmış limon suyu
- 1/2 tatlı kaşığı (2 ml) kimyon
- 1/2 tatlı kaşığı (2 ml) toz acı kırmızı biber
- 1/2 tatlı kaşığı (1 ml) taze çekilmiş karabiber
- 1/2 su bardağı (50 ml) ince kıyılmış maydanoz
- 1 yemek kaşığı (15 ml) sızma zeytinyağı

- Bulguru bir kâseye koyup, üzerine kaynar suyu dökün. 30 dakika dinlendirin.
- Maydanoz hariç malzemenin hepsini mikserde püre haline getirin.
- Maydanozu ilave edin ve iyice karıştırın.
- Fırını 200 dereceye kadar ısıtın.
- Bir fırın kabını zeytinyağı ile yağlayın. Büyük bir kaşık yardımıyla, elde ettiğiniz hamurdan birer kaşık dolusu

alıp fırın kabına koyun. Her porsiyonu bastırarak 1 cm kalınlığına getirin. Fırında 20 dakika ya da hamur sertleşene kadar pişirin. Pişme süresinin yarısında köfteleri çevirin.

Üç peynirli makarna
4 kişilik

Malzemeler

- 2 su bardağı (500 ml) soya makarnası
- 1 yemek kaşığı (15 ml) sızma zeytinyağı
- 2 1/2 su bardağı (625 ml) kıyılmış domates
- 1 diş sarımsak, soyulmuş ve ezilmiş
- 2 yemek kaşığı (30 ml) ince kıyılmış maydanoz
- Tuz ve karabiber
- 1/2 su bardağı (125 ml) rendelenmiş Cheddar peyniri
- 1/2 su bardağı (125 ml) rendelenmiş Mozzarella peyniri
- 1/2 su bardağı (125 ml) rendelenmiş Parmesan peyniri

- Fırını 180 dereceye kadar ısıtın.
- Makarnaları tuzlu suda 10 dakika haşlayın ve süzün. Makarnaları fırın kabına koyun.
- Zeytinyağını, domates, sarımsak ve maydanozla birlikte ilave edip tuz karabiberle tatlandırın. İyice karıştırın.
- Makarnanın üzerine peynirleri serpiştirin ve fırında takriben 30 dakika pişirin.

Sağlık güveci
4 kişilik

Malzemeler

- 350 gr. sert tofu, küp küp doğranmış
- 2 adet orta boy soğan, küp küp doğranmış
- 1 adet karnıbahar, küçük parçalara bölünmüş
- 1 adet brokoli, küçük parçalarar bölünmüş
- 12 adet mantar, ikiye kesilmiş
- 2 su bardağı (500 ml) domates, küp küp doğranmış
- 1 su bardağı (250 ml) ev yapımı yağı alınmış et suyu
- 2 yemek kaşığı (30 ml) sızma zeytinyağı
- 1 yemek kaşığı (15 ml) soğan tozu
- 1 yemek kaşığı (15 ml) sarımsak tozu
- 1 tatlı kaşığı (5 ml) kuru kekik
- 2-3 adet defne yaprağı
- Tuz ve karabiber

- Malzemenin hepsini bir tencereye koyun ve kısık ateşte 30-40 dakika pişirip, servis yapın.

Mercimekli pirinç salatası
4 kişilik

Malzemeler

- 1 1/2 su bardağı (375 ml) haşlanmış yeşil mercimek (pişme yöntemi için 196. sayfaya bakın.)
- 1 1/2 su bardağı (375 ml) haşlanmış kepekli Basmati pirinci (pişme yöntemi için 195. sayfaya bakın.)
- 1 adet soğan, küçük doğranmış
- 1 diş sarımsak, soyulmuş ve ezilmiş
- 1/2 su bardağı (50 ml) ince kıyılmış maydanoz

Sos

- 1/2 su bardağı (50 ml) sızma zeytinyağı
- 2 yemek kaşığı (30 ml) taze sıkılmış limon suyu
- 1 1/2 yemek kaşığı (22 ml) soya sosu
- 1/2-1 yemek kaşığı (7-15 ml) fesleğenli pesto sosu
- Tuz ve karabiber

- Salata ve sos malzemelerinin tümünü bir kâseye koyup, iyice karıştırın. Servis yapmadan önce buzdolabında 30 dakika bekletin.

Köri ve kayısılı kepekli pilav
4 kişilik

Malzemeler

- 1 yemek kaşığı (15 ml) sızma zeytinyağı
- 1 adet orta boy soğan, kıyılmış
- 1 diş sarımsak, soyulmuş ve ezilmiş
- 8 adet kuru kayısı, kıyılmış
- 2 tatlı kaşığı (10 ml) köri
- 1/2 su bardağı (175 ml) kepekli Basmati pirinci
- 2 su bardağı (500 ml) su
- 2 yemek kaşığı (30 ml) taze sıkılmış limon suyu
- 1/2 tatlı kaşığı (1 ml) taze çekilmiş karabiber
- 1/2 tatlı kaşığı (1 ml) kuru kekik

- Fırını 200 dereceye kadar ısıtın.
- Fırına girebilecek bir tencereye zeytinyağını koyup, kısık ateşte ısıtın. Soğan ve sarımsağı ilave edin ve 5 dakika ya da soğanlar yumuşayana kadar kavurun.
- Kayısıyı ilave edip, ara sıra karıştırarak 3 dakika daha pişirin.
- Köriyi katın ve 3-5 dakika daha pişirin. Pirinci ilave edin ve 3-5 dakika kavurun.
- Bu arada suyu kaynatın ve pirincin üzerine limon suyu ile birlikte dökün.Karabiber ve kekikle tatlandırın. Tencerenin ağzını kapatıp, fırına koyun. Fırında 45-50 dakika ya da pirinç suyun tümünü çekene kadar pişirin.

Bakliyat salatası
4 kişilik

Malzemeler

- 1 sap kereviz, küp küp doğranmış
- 1/2 adet yeşil dolmalık biber, küp küp doğranmış
- 1/2 adet kırmızı biber, küp küp doğranmış
- 2 adet taze soğan, kıyılmış
- 1 su bardağı (250 ml) haşlanmış kırmızı kuru fasulye (pişme yöntemi için 196. sayfaya bakın)
- 1 su bardağı (250 ml) haşlanmış nohut (pişme yöntemi için 196. sayfaya bakın)
- 1/2 su bardağı (50 ml) ince kıyılmış maydanoz
- Balsamik sirkeli sos (tarif için 38. sayfaya bakın)

- Malzemelerin hepsini bir salata kâsesinde iyice karıştırın.
- Balsamik sirkeli sosu katın ve karıştırın. Servis yapmadan önce 15 dakika dinlendirin.

Sebzeli bulgur salatası
4 kişilik

Malzemeler

- 2 su bardağı (500 ml) su
- 1/2 tatlı kaşığı (2 ml) bulyon sebze suyu
- 1 su bardağı (250 ml) bulgur
- 1 adet büyük boy olgun domates, küp küp doğranmış
- 1/2 adet yeşil dolmalık biber, küp küp doğranmış
- 1/2 adet kırmızı biber, küp küp doğranmış
- 1/2 adet kabak, küp küp doğranmış
- 1 küçük diş sarımsak, soyulmuş ve ezilmiş
- 1/2 su bardağı (50 ml) taze sıkılmış yeşil limon suyu
- 2 yemek kaşığı (30 ml) yeşil zeytin, çekirdeği ayıklanmış ve ince dilimlenmiş
- 1 yemek kaşığı (15 ml) kapari
- 1 tatlı kaşığı (5 ml) fesleğenli pesto sosu
- 2 yemek kaşığı (30 ml) ince kıyılmış maydanoz
- 3 yemek kaşığı (45 ml) ince kıyılmış taze soğan
- 1 tutam köri
- Tuz ve karabiber

- Bir tencereye suyu ve sebze suyu bulyonunu koyup, bir taşım kaynatın. Bulguru tencereye ilave edin ve ağzı kapalı olarak kısık ateşte 20-25 dakika pişirin. Pişme süresinin sonunda ağzı kapalı olarak 10 dakika dinlendirin.

- Bulguru bir salata kâsesine koyun ve 1-1.5 saat buzdolabında bekletin.
- Bir çatal yardımıyla bulgur tanelerini birbirinden ayırın ve kalan malzemeleri ilave edin. İyice karıştırın ve servis yapmadan önce 1 saat daha buzdolabında bekletin.

Kepekli pirinç salatası
4 kişilik

Malzemeler

- 3 su bardağı (750 ml) haşlanmış kepekli pirinç (pişme yöntemi için 195. sayfaya bakın)
- 1/2 su bardağı (50 ml) kıyılmış taze badem
- 1/2 adet kırmızı veya sarı dolmalık biber, küp küp doğranmış
- 1/2 adet yeşil dolmalık biber, küp küp doğranmış
- 1/2 sap kereviz, küp küp doğranmış
- 2 yemek kaşığı (30 ml) ince kıyılmış kırmızı soğan
- Balsamik sirkeli sos veya domatesli dip (tarifler için 38. ve 68. sayfalara bakın)

- Malzemelerin hepsini bir salata kâsesinde iyice karıştırın.
- Balsamik sirkeli sos veya domatesli dip veya ikisinden de ilave edin ve karıştırın. Servis yapmadan önce 15 dakika dinlendirin.

Nohutlu kısır
4 kişilik

Malzemeler

- 1 1/2 su bardağı (375 ml) haşlanmış bulgur (pişme yöntemi için 195. sayfaya bakın)
- 1 su bardağı (250 ml) haşlanmış nohut (pişme yöntemi için 196. sayfaya bakın)
- 2 adet orta boy olgun domates, çekirdekleri ayıklanmış ve ince kıyılmış
- 1 adet taze soğan, ince kıyılmış
- 2 diş sarımsak, soyulmuş ve ezilmiş
- 2 su bardağı (500 ml) ince kıyılmış maydanoz
- 3 yemek kaşığı (45 ml) taze sıkılmış limon suyu
- 2 yemek kaşığı (30 ml) sızma zeytinyağı
- Tuz ve karabiber

- Malzemelerin hepsini bir salata kâsesine koyup, iyice karıştırın. Servis yapmadan önce buzdolabında 30 dakika dinlendirin.

Limon ve körili buğday
2 kişilik

Malzemeler

- 1 yemek kaşığı (15 ml) sızma zeytinyağı
- 1 su bardağı (250 ml) kıyılmış mantar
- 1 diş sarımsak, soyulmuş ve ezilmiş
- 1/2 adet orta boy soğan, doğranmış
- 1/2 tatlı kaşığı (2 ml) taze çekilmiş karabiber
- 1/2 tatlı kaşığı (1 ml) tuz
- 2 yemek kaşığı (30 ml) sek beyaz şarap
- 1/2 adet limonun kabuğunun rendesi
- 1 su bardağı (250 ml) haşlanmış buğday (pişme yöntemi için 195. sayfaya bakın)
- 1/2-1/2 tatlı kaşığı (1-2 ml) köri

- Zeytinyağını bir tencereye koyun ve orta ateşte ısıtın. Mantar, sarımsak, soğan, tuz ve karabiberi ilave edin ve 5 dakika ya da mantarlar kızarana kadar kavurun.
- Beyaz şarabı, limon kabuğu rendesi, buğday ve köriyle ilave edin ve iyice karıştırın. Birkaç dakika pişirin ve servis yapın.

Kısır
2-3 kişilik

Malzemeler

- 1/2 su bardağı (175 ml) haşlanmış bulgur (pişme yöntemi için 195. sayfaya bakın)
- 1 adet orta boy domates, doğranmış
- 1 adet taze soğan, kıyılmış
- 1 su bardağı (250 ml) ince kıyılmış maydanoz
- 1/2 su bardağı (50 ml) ince kıyılmış nane
- 1 1/2 adet limonun suyu
- 1/3 su bardağı (75 ml) sızma zeytinyağı
- 1 diş sarımsak, soyulmuş ve ezilmiş
- Tuz ve karabiber

- Malzemelerin hepsini bir kâsede karıştırın. Buzdolabında takriben 30 dakika dinlendirin.
- Kısırı salata yaprakları üzerinde servis yapın.

Izgara tofu
4 kişilik

Malzemeler

- 2 su bardağı (500 ml) ince kıyılmış kırmızı lahana
- 1/2 tatlı kaşığı (1 ml) tuz
- 1 adet orta boy domates, küp küp doğranmış
- 1 adet taze soğan, kıyılmış
- 2 yemek kaşığı (30 ml) ince kıyılmış maydanoz
- 2 yemek kaşığı (30 ml) balsamik sirkeli sos
- 1 yemek kaşığı (15 ml) susam yağı
- 1 diş sarımsak, soyulmuş ve ezilmiş
- 1/2 tatlı kaşığı (2 ml) toz acı kırmızı biber
- 1/2 tatlı kaşığı (1 ml) taze çekilmiş karabiber

Izgara tofu

- 350 gr. sert tofu
- 2 yemek kaşığı (30 ml) soya sosu
- 1 yemek kaşığı (15 ml) susam yağı
- 1 yemek kaşığı (15 ml) ince doğranmış zencefil

- Lahanayı bir kâseye koyun ve üzerine tuzu serpiştirin. Büyük bir kâsede domates, taze soğan, maydanoz, Balsamik sirkeli sos, susam yağı, sarımsak, acı kırmızı biber ve karabiberi karıştırın. Kırmızı lahanayı ilave edin ve iyice karıştırın. Bir kenarda saklayın.
- Tofuyu 1 cm kalınlığında dilimleyin.
- Bir fırın kabında soya sosunu, susam yağı ve zencefille

karıştırın. Tofuları fırın kabına koyun ve iyice sosla kaplamak için çevirin. Oda sıcaklığında 30 dakika dinlendirin. Arada bir kez çevirin.

- Fırını 190 dereceye kadar ısıtın ve tofuyu 20 dakika veya hafif kızarana kadar pişirin. Pişme süresi boyunca bir kez çevirin.
- Izgara tofuyu kırmızı lahana üzerinde servis yapın.

Domates dolması
4 kişilik

Malzemeler

- 4 adet büyük boy domates
- 2 adet orta boy soğan, ince doğranmış
- 1 su bardağı (250 ml) haşlanmış kepekli Basmati pirinci (pişme yöntemi için 195. sayfaya bakın)
- 1 su bardağı (250 ml) haşlanmış kırmızı kuru fasulye (pişme yöntemi için 196. sayfaya bakın)
- 1/2 su bardağı (50 ml) rendelenmiş Parmesan peyniri
- 1/2 tatlı kaşığı (2 ml) taze çekilmiş karabiber
- 1/2 tatlı kaşığı (2 ml) toz acı kırmızı biber

- Keskin bir bıçakla her domatesin altından ince bir dilim kesin ki dik dursunlar. Domateslerin üzerinden bir kapak kesin ve bir tatlı kaşığı yardımıyla içlerini boşaltın. Domateslerin içlerini saklayın.
- Fırını 200 dereceye kadar ısıtın.
- Bir kâsede kalan malzemeleri domateslerin içleriyle karıştırın. Domatesleri hazırladığınız malzemeyle doldurun ve bir fırın kabına dizin.
- Dolmaları aluminyum folyo ile kaplayın ve fırında 15 dakika pişirin.

TATLILAR

Frambuaz sosu
4 kişilik

Malzemeler

- 2 su bardağı (500 ml) taze veya dondurulmuş frambuaz
- 1 yemek kaşığı (15 ml) toz tatlandırıcı (Aspartam)
- 1 tatlı kaşığı (5 ml) taze sıkılmış limon suyu

- Mikserde frambuaz, tatlandırıcı ve limon suyunu karıştırın ve püre haline getirin. Bir kâseye dökün ve servis yapın.

Frambuaz püresi
4 kişilik

Malzemeler

- 350 gr. yumuşak tofu
- 1 su bardağı (250 ml) taze veya dondurulmuş frambuaz
- 2 yemek kaşığı (30 ml) toz tatlandırıcı (Aspartam), (tercihe göre)

- Malzemelerin hepsini miksere koyun ve püre haline getirin.

Çikolatalı rüyalar
4-6 kişilik

Malzemeler

- 250 gr sütsüz çikolata (kakao oranı en az %70 olmalı)
- 4 adet büyük boy yumurta sarısı
- 4 adet büyük boy yumurta akı
- 1/2 su bardağı (125 ml) toz tatlandırıcı (Aspartam)
- 1/2 su bardağı (125 ml) çırpılmış krema

- Küçük parçalara bölünmüş çikolatayı benmaride orta ateşte eritin ve saklayın.
- Bir kâsede yumurta sarısı ve tatlandırıcıyı köpükümsü bir kıvama gelene kadar çırpın. Dikkatle bu karışımı çikolataya karıştırın.
- Başka bir kâsede yumurta akını katılaşana kadar çırpın. Bunu da çikolatalı karışımla dikkatle karıştırın.
- Buzdolabında 4 saat bekletip servis yapın.

Çevirmenin notu: Benmari, içi üçte bir miktarda su ile doldurulmuş küçük boy bir tencerenin üzerine ısıya dayanıklı cam bir kâse oturtarak hazırlanır. Çikolata su kaynadığında oluşan buhar sayesinde erir. Çikolatanın yanmaması için kâsenin suya değmemesi gerekir. Herhangi bir zehirlenmeye yol açmaması için, yumurtayı pişirmeden tüketeceğiniz tariflerde çok taze yumurta kullanmaya dikkat edin.

Meyva eşliğinde sütlü tatlı
4 kişilik

Malzemeler

- 2 adet büyük boy yumurta
- 4 adet büyük boy yumurta sarısı
- 1/2 su bardağı (50 ml) toz tatlandırıcı (Aspartam)
- 1/2 tatlı kaşığı (1 ml) tuz
- 1/2 tatlı kaşığı (1 ml) doğal vanilya esansı
- 2 su bardağı (500 ml) süt
- 3 yemek kaşığı (45 ml) rendelenmiş taze Hindistan cevizi
- 3 yemek kaşığı (45 ml) kıyılmış fındık, fıstık (hangisini tercih ederseniz)

- Fırını 150 dereceye kadar ısıtın.
- Bir kâsede yumurtaları, tatlandırıcı, tuz ve vanilya ile çırpın. Sütü bir tencerede buharlaşmaya başlayana kadar ısıtın ve durmadan çırparak yumurtalı karışıma ilave edin.
- Karışımı 6 adet küçük boy kalıba bölüştürün ve fırında benmaride 1 saat pişirin.
- Kalıplardan çıkarın ve üzerlerine Hindistan cevizi ve fındık fıstık serpiştirin. Taze meyva veya meyva sosu eşliğinde servis yapın.

Çevirmenin notu: Bu tarifteki benmariyi hazırlamak için kullandığınız kalıpları bir fırın kabına dizin. Fırın kabını, kalıpların üçte bir hizasına gelene kadar sıcak su ile doldurun.

Çikolatalı fondü
3-4 kişilik

Malzemeler

- 200 gr sütsüz çikolata (kakao oranı en az %70 olmalı)
- 1 su bardağı (250 gr) karışık kıyılmış taze fındık, fıstık
- 2-3 su bardağı (500-750 ml) taze çilek, sapları ayıklanmış

- Çikolatayı parçalar halinde bölün ve benmaride eritin.
- Erimiş çikolatayı bir çikolata fondü kabına koyun.
- Çilekleri önce çikolataya sonra fındık, fıstığa batırıp, yiyin.

Bademli çikolatalar
3-4 kişilik

Malzemeler

- 1/2 su bardağı (125 ml) sütsüz çikolata (kakao oranı en az %70 olmalı), parçalara bölünmüş
- 1/2 su bardağı (50 ml) kıyılmış taze badem
- 1/2 su bardağı (125 ml) rendelenmiş şekersiz Hindistan cevizi

- Çikolatayı benmaride kısık ateşte eritin. Ateşten alın. Badem ve Hindistan cevizini ilave edin ve iyice karıştırın.
- Bir kaşık yardımıyla, karışımı yağlı kâğıt yaydığınız bir tepsiye aktarın. Buzdolabında en az 1 saat bekletip servis yapın.

Çikolatalı mousse
4-6 kişilik

Malzemeler

- 100 gr. sütsüz çikolata (kakao oranı en az %70 olmalı)
- 3 adet büyük boy yumurta sarısı
- 2-3 yemek kaşığı (30-45 ml) toz tatlandırıcı (Aspartam)
- 1/2 su bardağı (175 ml) krema
- 5 adet büyük boy yumurta akı

- Çikolatayı parçalar halinde bölün ve 1 yemek kaşığı su ilave ederek benmaride saptül ile karıştırarak eritin.
- Bir kâsede yumurta sarılarını tatlandırıcının yarısı ile köpükümsü bir kıvama gelene kadar çırpın. Erimiş çikolatayı azar azar durmadan karıştırarak katın ve saklayın.
- Başka bir kâsede yumurta aklarını katılaşana kadar çırpın ve saklayın.
- Krema ve kalan tatlandırıcıyı krema katılaşana kadar çırpın.
- Bir spatül yardımıyla, çikolatalı karışıma ilk önce kremayı sonra yumurta aklarını dikkatle karıştırın. 4-6 kupa bölüştürün ve servis yapmadan önce 5 saat buzdolabında bekletin.

Çevirmenin notu: Herhangi bir zehirlenmeye yol açmaması için, yumurtayı pişirmeden tüketeceğiniz tariflerde çok taze yumurta kullanmaya dikkat edin.

Çilekli mousse
4 kişilik

Malzemeler

- 1 yemek kaşığı (15 ml) toz jelatin
- 1/2 su bardağı (50 ml) su veya çözülmüş çilek suyu
- 1 su bardağı (250 ml) taze veya dondurulmuş çilek
- 1/2 su bardağı (125 ml) yoğurt
- 2 adet büyük boy yumurta akı
- 1/2 su bardağı (50 ml) toz tatlandırıcı (Aspartam)

- Küçük bir tencerede, jelatini su veya çilek suyunun üzerine serpiştirin ve şişmesi için 5 dakika bırakın. Kısık ateşte eritin ve iyice karıştırın.
- Bir kâsede çilekleri, yoğurt ve jelatinle karıştırın. Karışım donmaya başlayana, yani çiğ yumurta akı kıvamına gelene kadar buzdolabına koyun.
- Başka bir kâsede yumurta aklarını yarı katı hale gelene kadar çırpın. Tatlandırıcıyı azar azar katın ve yumurta aklarını, katılaşıp parlak bir görünüm alana kadar çırpmaya devam edin.
- Çilekli karışıma yumurta aklarının ilk önce dörtte birini, sonra kalanını dikkatle karıştırın. 4 kupa bölüştürün ve buzdolabında 1 saat bekletin. Servis yapmadan önce taze çileklerle süsleyin.

Dondurulmuş limonlu mousse
4 kişilik

Malzemeler

- 4 adet büyük boy yumurta sarısı
- 1/2 su bardağı (125 ml) toz tatlandırıcı (Aspartam)
- 1 adet limonun kabuğunun rendesi (ince rendelenmiş)
- 1 adet yeşil limonun kabuğunun rendesi (ince rendelenmiş)
- 1/2 su bardağı (50 ml) taze sıkılmış limon suyu
- 1/2 su bardağı (50 ml) taze sıkılmış yeşil limon suyu
- 1 su bardağı (250 ml) çırpılmış krema
- 4 adet büyük boy yumurta akı

- Büyük bir kâsede yumurta sarılarını, tatlandırıcının yarısı, kabuk rendeleri ve limonların sularıyla birlikte karıştırın. Kâseyi kaynama noktasına gelmek üzere olan yarım tencere dolusu suyun üzerine oturtun. Karışımı durmadan çırparak takriben 8 dakika ya da koyu ve köpükümsü bir kıvama gelene kadar pişirin. Bu pişme süresi boyunca alttaki suyun kaynamamasına dikkat edin. Karışımın yüzeyini streç filmle örtün ve takriben 30 dakika ya da karışım tamamen soğuyana kadar buzdolabında bekletin.

- Başka bir kâsede yumurta aklarını yarı katı hale gelene kadar çırpın. Kalan tatlandırıcıyı azar azar katın ve yumurta aklarını katılaşıp parlak bir görünüm alana kadar çırpmaya devam edin.

- Limonlu karışıma yumurta aklarının ilk önce dörtte birini, sonra kalanını dikkatle karıştırın.
- Bir ekmek kalıbının içini dışarı 2.5 cm taşmak üzere yağlı kağıtla kaplayın. Mousse'u kalıba dökün ve üstünü düzeltin. Buzlukta en az 6 saat ya da mousse sertleşene kadar bekletin. Mousse'un üzerini streç film veya aluminyum folyo ile örtün ve ertesi güne kadar dondurun.

Yulaf ezmesi ve kayısılı muffinler
12 muffinlik

Malzemeler

- 1 1/2 su bardağı (375 ml) yulaf ezmesi
- 1/2 su bardağı (175 ml) kaynar su
- 1 adet büyük boy yumurta
- 1/2 su bardağı (175 ml) yumuşak tofu
- 1/2 su bardağı (125 ml) yoğurt
- 1 yemek kaşığı (15 ml) sızma zeytinyağı
- 1/2 su bardağı (125 ml) kıyılmış kuru kayısı
- 1 1/2 su bardağı (300 ml) taş üzerinde öğütülmüş, biyolojik, kepekli un
- 1/2 su bardağı (50 ml) toz tatlandırıcı (Aspartam)
- 1 tatlı kaşığı (5 ml) karbonat
- 1 tutam tuz
- 2 tatlı kaşığı (10 ml) kabartma tozu
- 1/2 tatlı kaşığı (1 ml) toz karanfil
- 1/2 tatlı kaşığı (2 ml) toz tarçın
- 1/2 tatlı kaşığı (2 ml) rendelenmiş muskat

- Büyük bir kâsede, yulaf ezmesinin üzerine sıcak suyu serpiştirin. İyice karıştırıp, soğumaya bırakın.
- Mikserde yumurta, tofu, yoğurt ve zeytinyağını püre haline getirin.
- Yulaf ezmesi ve kayısıyı ilave edin.
- Un, tatlandırıcı, karbonat, tuz, kabartma tozu ve ba-

hartları bir kâseye eleyin. Bir çatal yardımıyla, püre haline getirdiğiniz malzemeleri kuru malzemelerle iyice karıştırın.

- Fırını 200 dereceye kadar ısıtın.
- Hamuru, az miktarda zeytinyağıyla yağladığınız 12 adet muffin kalıbına bölüştürün. Fırında 15-20 dakika pişirin.

Not: Yumuşak tofu yerine yoğurt kullanabilirsiniz.

Frambuazlı kup
4 kişilik

Malzemeler

- 2 su bardağı (500 ml) taze veya dondurulmuş frambuaz
- 1/2 su bardağı (50 ml) toz tatlandırıcı (Aspartam)
- 1 su bardağı (250 ml) yoğurt
- 1/2 su bardağı (50 ml) krema
- 1/2 tatlı kaşığı (1 ml) rendelenmiş portakal kabuğu rendesi
- 1/2 tatlı kaşığı (1 ml) doğal vanilya esansı
- Taze nane yaprakları

- Bir kâsede frambuazları tatlandırıcıyla birlikte iyice karıştırın. Ara sıra karıştırarak 20 dakika dinlendirin.
- Yoğurt, krema, portakal kabuğu rendesi ve vanilyayı başka bir kâsede karıştırın.
- Frambuazlı karışımın üçte birini eşit bir şekilde 4 kupa bölüştürün. Üzerlerini 2'şer yemek kaşığı yoğurtlu karışımla örtün. Kupların içine birer kat daha frambuazlı ve yoğurtlu karışımdan koyun.
- Kalan frambuazları kuplara eşit bir şekilde bölüştürün. En üste birer yemek kaşığı yoğurtlu karışımdan koyun. Nane yapraklarıyla süsleyin ve servis yapın.

Armut tatlısı
4 kişilik

Malzemeler

- 4 adet olgun, sert armut
- 1 adet limonun suyu
- 1/2 su bardağı (125 ml) toz tatlandırıcı (Aspartam)
- 1/2 su bardağı (50 ml) su
- 1 tatlı kaşığı (5 ml) doğal vanilya esansı

- Keskin bir bıçak yardımıyla, armutların şekillerini bozmayacak biçimde alttan delerek çekirdekli kısımlarını çıkarın. Armutları yukarıdan aşağıya doğru soyun.
- Kararmalarını önlemek için armutların üzerine limon suyunu sürüp, bir fırın kabına dizin.
- Fırını 180 dereceye kadar ısıtın.
- Tatlandırıcıyı su ve vanilyayla birlikte bir tencereye koyun. 1 dakika pişirin. Şurubu meyvaların üzerine dökün.
- Fırında 10-15 dakika ya da armutlar yumuşayana kadar pişirin.

Yaz meyvaları salatası
4 kişilik

Malzemeler

- 1 adet portakal, küp küp doğranmış
- 1 adet kırmızı elma, küp küp doğranmış
- 1 su bardağı (250 ml) taze ananas, iri doğranmış
- 1 adet şeftali veya nektarin, küp küp doğranmış
- 1/2 su bardağı (175 ml) çekirdeksiz yeşil veya kırmızı üzüm
- 1/2 su bardağı (175 ml) çilek, iri doğranmış
- 1/2 su bardağı (125 ml) ananas suyu (şekersiz)
- 1/2 su bardağı (125 ml) taze sıkılmış portakal suyu

- Büyük bir kâsede meyvaların hepsini karıştırıp üzerlerine ananas ve portakal sularını dökün. Servis yapmadan önce 2 saat buzdolabında bekletin.

Çilekli sorbe
3-4 kişilik

Malzemeler

- 1 su bardağı (250 ml) taze veya dondurulmuş çilek
- 1/2 su bardağı (50 ml) toz tatlandırıcı (Aspartam), (tercihe göre)
- 1 adet büyük boy yumurta akı

- Çilek ve tatlandırıcıyı mikserde püre haline getirin. Bu karışımı büyük bir tabağa yayın ve buzlukta en az 8 saat bekletin.
- Karışım donduğunda, bir bıçak yardımıyla parçalara kesin. Tekrar miksere koyun ve küçük parçalar halinde kıyın.
- Yumurta akını ilave edip kremamsı bir kıvama gelene kadar karıştırın.
- Hemen servis yapın.

Çevirmenin notu: Herhangi bir zehirlenmeye yol açmaması için, yumurta,ı pişirmeden tüketeceğiniz tariflerde çok taze yumurta kullanmaya dikkat edin.

Frambuazlı dondurulmuş yoğurt
4 kişilik

Malzemeler

- 1 su bardağı (250 ml) yoğurt
- 1 su bardağı (250 ml) taze veya dondurulmuş çilek
- 1/2 su bardağı (50 ml) toz tatlandırıcı (Aspartam), (tercihe göre)
- 1 adet büyük boy yumurta akı

- Yoğurdu, frambuaz ve tatlandırıcıyla birlikte mikserde püre haline getirin. Bu karışımı büyük bir tabağa yayın ve buzlukta en az 8 saat bekletin.
- Karışım donduğunda, bir bıçak yardımıyla parçalara kesin. Tekrar miksere koyun ve küçük parçalar halinde kıyın.
- Yumurta akını ilave edip kremamsı bir kıvama gelene kadar karıştırın.
- Hemen servis yapın.

Çevirmenin notu: Herhangi bir zehirlenmeye yol açmaması için, yumurtayı pişirmeden tüketeceğiniz tariflerde çok taze yumurta kullanmaya dikkat edin.

TAHILLARIN PİŞME YÖNTEMLERİ

Tahılların Hazırlanması

1. Pişirmeden önce tahıl tanelerini birkaç kere ılık sudan geçirin. Gerekiyorsa ıslatın.
2. Suyu kaynatın, tahılı ilave edip tencerenin ağzını kapatın. Kısık ateşte gerekli sürede pişirin (tabloya bakın).
3. Pişme süresinin sonunda ağzı kapalı olarak 5 dakika dinlendirin.

TAHILLARIN PİŞME TABLOSU

Tahıl (1 su bardaklık)	Islatma süresi	Pişme suyu	Pişme süresi (takribi)	Elde edilen miktar (takribi)
Bulgur	–	2 su bardağı	15-20 dakika	3 su bardağı
Yulaf taneleri	–	2 su bardağı	15-20 dakika	2 su bardağı
Soyulmuş arpa	3-4 saat	2 su bardağı	45-60 dakika	3 su bardağı
Kepekli pirinç	–	2 su bardağı	40 dakika	4 su bardağı
Buğday	8-10 saat	2 su bardağı	45-60 dakika	3 su bardağı

BAKLAGİLLERİN PİŞME YÖNTEMLERİ

Baklagillerin Hazırlanması

1. Baklagilleri ayıklayın ve iyice yıkayın.
2. Büyük bir kâsede, arzu ettiğiniz baklagilden 1 su bardağı kadarını 3 su bardağı soğuk suya yatırın. (Islatılmış baklagillerin bir bölümünü dondurarak bir sonraki hazırlama sürenizi kısaltabilirsiniz.)
3. Baklagilleri ıslatmak için kullandığınız suyu atın. Baklagili pişirmek için gerekli miktarda suyu (tabloya bakın) baklagillerle birlikte bir tencereye koyun ve bir taşım kaynatın. Ağzı kapalı olarak kısık ateşte baklagillerin yumuşaması için gerekli sürede pişirin.
4. Baklagillerin yendiklerinde daha az gaz yapmaları için pişme süresi boyunca suyu 1-2 defa değiştirmenizi öneririz.
5. Baklagillerin daha kolay hazmedilmeleri için çeşitli baharatların ilave edilmesini tavsiye ederiz (sarımsak, soğak, vb.)

BAKLAGİLLERİN PİŞME TABLOSU

Baklagillerin (1 su bardaklık)	Islatma süresi	Pişme suyu	Pişme süresi (takribi)	Elde edilen miktar (takribi)
Börülce	10-12 saat	3 su bardağı	1 saat	3 su bardağı
Kuru fasulye	10-12 saat	3 su bardağı	1 saat	3 su bardağı
Kırmızı kuru fasulye	10-12 saat	3 su bardağı	1-1 1/2 saat	2 su bardağı
Soya fasulyesi	24 saat	4 su bardağı	3-4 saat	2 su bardağı
Kırmızı mercimek	–	3 su bardağı	30 dakika	2 1/2 su bardağı
Yeşil mercimek	–	3 su bardağı	30 dakika	2 su bardağı
Nohut	10-12 saat	4 su bardağı	1-1 1/2 saat	3 su bardağı

BAHARAT VE YEŞİLLİKLER REHBERİ

Taze veya kurutulmuş olarak kullanılmak üzere

Acı kırmızı biber:	Salata sosları, soslar, et, güveçler, çorbalar, deniz mahsulleri zeytin
Adaçayı:	Güveçler, et, tavuk, omletler, peynirler, çorbalar, sebzeler
Anason:	Dana eti, ördek, ekmekler, pişmiş meyveler, pastalar ve bisküiler
Biberiye:	Çorbalar, et, av etleri, tavuk, balık, salatalar
Defne yaprağı:	Soslar, çorbalar, konsomeler, güveçler, et, tavuk, balık, sebzeler, baklagiller
Dereotu:	Salata sosları, turşular, kereviz, balık
Fesleğen:	Balı, deniz mahsülleri, tavuk, yumurta, kuzu eti, dana eti, dana eti, tavşan eti, peynirler, sebzeler, makarnalar, domates bazlı yemekler, soslar
Hardal:	Salata sosları, mayonez, dana eti, tavuk, sosis, balık, yumurta
Haşhaş tohumu:	Ekmekler, bagel'lar, pastalar, peynirler, sebzeler
Kapari:	Mayonez, hardal, et, tavuk, balık, antreler, pilavlar, soslar
Karabiber:	Et, tavuk, balık, soslar, peynirler, makarnalar, sebzeler, salata sosları
Karanfil:	Güveçler, dana eti, patates, pastalar, bisküiler, domates sosu
Kekik:	Domates bazlı yemekler, salata sosları, soslar, çorbalar ve konsomeler, güveçler, et, tavuk, balık, baklagiller, sebzeler, yumurta
Kereviz tohumu:	Salata sosları, domates suyu, balık, deniz

	mahsülleri, baklagiller
Kimyon:	Sosis, kuzu eti, peynirler, yumurta, baklagiller, pilavlar, domates, ekmekler
Kişniş:	Peynirler, omletler, pilavlar, bisküviler, pastalar, ekmekler
Köri:	Et, tavuk, sebzeler, pilavlar
Maydanoz:	Çorbalar, güveçler, et, tavuk, balık, sebzeler
Muskat:	Pastalar, pişmiş meyveler, meyveler, yumurta, peynirler, soslar, salyangoz
Nane:	Salata sosları, mayonez, et, av etleri, balık, soslar, sebzeler
Safran:	Çorbalar, pilavlar, peynirler, yumurta, güveçler, et, tavuk, balık
Sarımsak:	Salata sosları, sebzeler, güveçler, et, balık, tavuk, çorbalar, zeytin, makarnalar
Soğan tozu:	Et, tavuk, balık, salatlar, sebzeler
Tarçın:	Pastalar, bisküiler, krepler, ekmekler, pişmiş meyveler, elma, armut, şeftali, yoğurt, güveçler, et, tavuk, hindi, domates sosu
Tarhun:	Yumurta, balık, tavuk, çorbalar, salatalar, domates, soslar
Tatlı kırmızı biber:	Güveçler, tavuk, yumurta, sebzeler
Taze soğan:	Salata sosları, salatalar, sebzeler, çorbalar, balık, et, omletler
Zencefil:	Et, tavuk, balık, soslar, sebzeler, meyveler, pilavlar, bisküiler

Not: Tariflerde kuru baharat yerine taze baharat kullanacak olursanız, belirtilen miktarın üç misini kullanmanızı tavsiye ederiz.

SÖZLÜK

Benmari:	Fırına veya ateşe içinde kaynar su bulunan bir tencere koymak
Dip:	Çoğunlukla içine sebze veya kraker batırarak yemek uzere hazirlanan koyu bir sos
Fileminyon:	Bonfilenin uç kısmına verilen isim
Guacamole:	Meksika mutfağından avokado ile hazırlanan bir dip
Konsome:	Çoğunlukla et suyundan hazırlanan bir çorba
Krüdite:	Tek başına veya bir dip eşliğinde servis edilen çiğ sebzeler. Örneğin karnıbahar, havuç, salatalık, turp vb
Marine etmek:	Bir et veya sebzeye lezzet katmak amacıyla onu tatlandırılmış bir likide yatırmak
Mousse:	Krema içeren ve köpükümsü bir kıvama sahip olan bir Fransız yemeği
Muffin:	Amerikan mutfağından kücük kekler
Şnitzel:	Çoğu zaman süt danası veya hindiden kesilen ince bir dilim et
Tranş:	Balığın enine kesilmiş kalın bir dilim
Vinegret sos:	Hardal, sirke ve zeytinyağından hazırlanan, Fransızların temel salata sosu
Wok:	Uzak Doğu mutfaklarında kullanılan, yarım küre şeklinde bir tencere

MONTIGNAC

Yemek Tarifleri

Çikolatalı Fondü (Sf. 181)

Nohut Köftesi (Sf. 158)

Kabak Dolması (Sf. 155)

Kısır (Sf. 170)

Soğan Çorbası (Sf. 5)

Sezar Salatası
(Sf. 24)

Humus (Sf. 48)

Fırında Kabak
(Sf. 125)

Biber Dolması (Sf. 85)

Soğuk Salsa
(Sf. 51)

Kıymalı Ekmek
(Sf. 83)

Çilekli Mousse
(Sf. 184)

Bademli Çikolatalar
(Sf. 182)

Çikolatalı Rüyalar (Sf. 179)

Yedikçe Zayıfla

MONTIGNAC

Ve İnce Kal

MONTIGNAC 1

ALFA®

Kalbin Hazinesi

MONTIGNAC

Zeytinyağı

MONTIGNAC 3

ALFA®